Workbook
and
Audio Activities

Glencoe Spanish 3

¡Buen viaje!

Conrad J. Schmitt
Protase E. Woodford

McGraw Hill Glencoe

New York, New York   Columbus, Ohio   Chicago, Illinois   Peoria, Illinois   Woodland Hills, California

Photo Credits

1 Getty Images; **33** (l)Kit Houghton/CORBIS, (r)Morton Beebe/CORBIS; **51** Danny Lehman/CORBIS; **59** Dominic Oldershaw; **A1** (l)Andrew Payti, (r)Carlos Alvarez/Getty Images; **A9** (l)Richard Lord/The Image Works, (c)Robert Frerck/Odyssey Productions, Inc., (r)Andrea Pistolesi/Getty Images; **A13** Martin BERNETTI/AFP/CORBIS; **A17** (tl)Kit Houghton/CORBIS, (tr)Yann Arthus-Bertrand/CORBIS, (bl)Kelly-Mooney Photography/CORBIS, (br)Charles O'Rear/CORBIS; **A27** (tl)Macduff Everton/CORBIS, (tc)Danny Lehman/CORBIS, (tr)Andrew Payti, (bl)Carl & Ann Purcell/CORBIS, (br)Danny Lehman/CORBIS; **A31** HIRB/Index Stock Imagery; **A33** (l)Beryl Goldberg, (r)Andrew Payti; **A41** (l)Getty Images, (c)Joel W. Rogers/CORBIS, (r)Jeff Grenberg/PhotoEdit; **A45** (l)Ronnie Kaufman/CORBIS, (r)A. Ramey/PhotoEdit; **A47** (l)Getty Images, (cl)Laura Sifferlin, (cr)Matt Meadows, (r)Robert Frerck/Odyssey Productions, Inc.; **A51** (l)Barb Stimpert, (c)Michael Newman/PhotoEdit, (r)Robert Holmes/CORBIS; **A57** (l)James Marshall/CORBIS, (c)Jane Sweeney/Lonely Planet Images, (r)Bo Zaunders/CORBIS; **A70** (t)David Young-Wolff/PhotoEdit, (bl)Bob Daemmrich/The Image Works, (br)Tim Fuller.

Glencoe

The McGraw-Hill Companies

Send all inquiries to:
Glencoe/McGraw-Hill
8787 Orion Place
Columbus, OH 43240-4027

ISBN: 0-07-861992-0

Printed in the United States of America.
8 9 079 09 08

Contents

WORKBOOK

Capítulo 1   España 1

Capítulo 2   Países andinos 17

Capítulo 3   El Cono sur 33

Capítulo 4   La América Central 51

Capítulo 5   México 69

Capítulo 6   El Caribe 95

Capítulo 7   Venezuela y Colombia 107

Capítulo 8   Estados Unidos 119

AUDIO ACTIVITIES

Capítulo 1   España A1

Capítulo 2   Países andinos A9

Capítulo 3   El Cono sur A17

Capítulo 4   La América Central A27

Capítulo 5   México A37

Capítulo 6   El Caribe A47

Capítulo 7   Venezuela y Colombia A57

Capítulo 8   Estados Unidos A67

Literatura A75

Workbook

Capítulo 1
Lección 1: Cultura

Vocabulario para la lectura

1 **¿Cuál es la palabra?** Completa.

1. Es difícil y a veces peligroso conducir o manejar a lo largo de las

_____ del mar cuando hay mucha _____

porque no se puede ver bien.

2. Una _____ no es tan alta como una montaña.

3. El _____ y la _____ son los monarcas y

llevan una _____ de _____ preciosas.

4. Las _____ del rey _____ contra los

enemigos y salieron victoriosas en la _____ La ganaron.

5. Una _____ es un tipo de barco o nave antigua.

2 **¿Qué es?** Identifica.

1. _____   2. _____   3. _____

4. Todas estas palabras son de _____ árabe.

3 **¿Cuál es la palabra?** Parea.

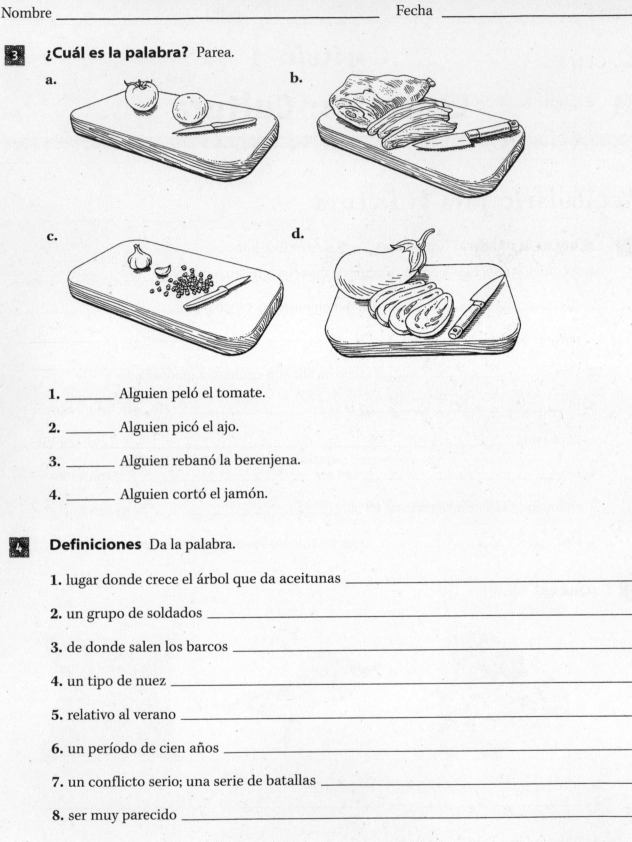

a.

b.

c.

d.

1. _____ Alguien peló el tomate.

2. _____ Alguien picó el ajo.

3. _____ Alguien rebanó la berenjena.

4. _____ Alguien cortó el jamón.

4 **Definiciones** Da la palabra.

1. lugar donde crece el árbol que da aceitunas _____

2. un grupo de soldados _____

3. de donde salen los barcos _____

4. un tipo de nuez _____

5. relativo al verano _____

6. un período de cien años _____

7. un conflicto serio; una serie de batallas _____

8. ser muy parecido _____

Lectura

5 **España, su geografía** Corrige las oraciones falsas.

1. España y Portugal forman una isla.

_____

2. España no tiene muchas montañas.

_____

3. El paisaje gallego es todo amarillo y se parece mucho al paisaje de Andalucía.

_____

4. En el centro de España siempre hay mucha neblina y llueve mucho.

_____

_____

5. En el verano los pueblos andaluces de la Sierra Nevada y la Sierra Morena son un verdadero horno.

_____

_____

6. Las islas Baleares están en el Atlántico al oeste de África.

_____

6 **Una ojeada histórica** Contesta.

1. ¿Qué evento importante ocurrió en España en 711?

_____

2. ¿Por cuánto tiempo se quedaron en España?

_____

3. ¿Cómo fue la ciudad de Córdoba en la Edad Media?

_____

4. ¿Cuáles son algunas palabras de origen árabe?

_____

_____

5. ¿Cuándo dice uno «¡Buen provecho!»?

_____

6. ¿Cuándo empezó la Reconquista?

_____

7. ¿Quiénes eran los Reyes Católicos?

_____

_____

8. ¿Qué establecieron ellos en 1481? ¿Para qué?

_____

_____

_____

9. ¿Cuáles son tres eventos importantes que ocurrieron en 1492?

_____

_____

_____

_____

_____

10. ¿Adónde llegó Colón?

_____

_____

7 **Vistas históricas** Completa.

1. Madrid y Barcelona son dos _____ .

2. La residencia veraniega de los reyes moros en Granada era _____ .

3. En Mérida puedo ver _____ .

4. Y en Segovia puedo ver _____ .

8 **Comida española** Prepara una lista de todas las comidas españolas que conoces.

_____

_____

_____

_____

Estructura • Repaso

Pretérito de los verbos regulares

9 **Pasado o presente** Indica si el adverbio expresa tiempo pasado o presente.

	PASADO	PRESENTE
1. ahora	☐	☐
2. ayer	☐	☐
3. este año	☐	☐
4. en este momento	☐	☐
5. hace un año	☐	☐
6. anoche	☐	☐
7. esta noche	☐	☐
8. el verano pasado	☐	☐

10 **En un café de Madrid** Completa con el pretérito de los verbos.

Anoche yo _____ (sentarse) en la terraza de un café en la Castellana,
                         1

una calle bonita de Madrid. Yo _____ (comenzar) a mirar a la
                                                      2

gente que pasaba por el café. De repente un autobús _____
                                                                          3

(pararse) en la esquina y _____ (bajar[se]) mi amigo Carlos. Él
                                        4

me _____ (ver) y _____ (sentarse) a la
              5   6

mesa conmigo. Nosotros dos _____ (empezar) a hablar de
                                          7

muchas cosas. Luego él me _____ (invitar) a ir con él a un
                                        8

mesón. Yo lo _____ (acompañar). En el mesón nosotros
                      9

_____ (comer) algunas tapas y _____
          10   11

(escuchar) la música de los tunos. Nosotros _____ (pasar) unas
                                                              12

horas muy agradables.

11 **Unos días en Madrid** Escribe el párrafo en el pasado.

Mis amigos y yo pasamos unos días en Madrid. José, un amigo de mi hermano, me invita a ir al barrio viejo. Nos sentamos en la terraza de un café en la Plaza Mayor. Luego él me invita a ir a un mesón en la calle de Cuchilleros. Cuando entramos, José ve a otro amigo, Felipe. Felipe canta y toca la guitarra. Luego entran otros amigos y todos hablamos juntos. Llego a casa muy tarde pero no importa porque lo paso muy bien en Madrid.

_____

_____

_____

_____

_____

_____

_____

_____

_____

Pretérito de los verbos de cambio radical (e → i, o → u)

12 **Una comida** Escribe frases según el modelo.

yo / langosta   **él / camarones**   **(pedir)** →
Yo pedí langosta y él pidió camarones.

1. yo / pescado   él / papas   (freír)

_____

2. ella / el plato principal   yo / la ensalada   (servir)

_____

3. él y yo / postre   yo / ensalada   (pedir)

_____

4. todos ellos / el postre   yo / también   (repetir)

_____

5. ellos / enseguida   yo / también   (dormirse)

_____

6. nadie / de hambre   yo casi / de sed   (morirse)

_____

13 **En la sala de emergencia** Escribe en el pasado.

1. El paciente pide ayuda cuando llega a la sala de emergencia.

_____

_____

2. Los médicos consiguen cerrarle la herida.

_____

_____

3. La enfermera viste al niño.

_____

4. ¿Por qué no pides anestesia?

_____

5. Los pacientes no se ríen de nada.

_____

Capítulo 1

Lección 2: Conversación

Vocabulario para la lectura

1 **¿Cuál es la palabra?** Completa.

1. Los conductores paran para pagar el _____ para usar la

   _____ .

2. De vez en cuando hay mucho tráfico y hay un _____ en la
   autopista.

3. Un _____ es un bus bastante grande y lujoso en España.

4. Los autocares _____ todo el país del norte al sur y del este al
   oeste.

5. Los taxis tienen un _____ que indica la tarifa que tiene que pagar
   el pasajero.

6. Para ir del aeropuerto al centro de la ciudad se puede tomar un

   _____ o un _____ .

7. Hay una ruta que _____ el aeropuerto con el centro de la ciudad,
   por ejemplo.

8. Un _____ es un servicio aéreo frecuente entre dos ciudades.

9. El vuelo no llegó a tiempo. Hubo una _____ .

10. Un vuelo que no sale debido a un problema técnico es un vuelo

    _____ .

2 **¿Cuál es la palabra?** Expresa de otra manera.

1. Hubo *un tapón* en la autopista.

_____

2. Es *un hotel del gobierno español.*

_____

3. *Un albergue* es un hotel bastante pequeño.

_____

4. Hubo *un retraso.*

_____

5. El vuelo *no salió.*

_____

Conversación

3 **Ningún problema** Contesta.

1. Debido a un embotellamiento en la autopista, Elena llegó tarde al aeropuerto de Madrid y perdió su vuelo. Luego, ¿qué hizo?

_____

_____

2. Cuando llegó al aeropuerto de Palma de Mallorca los conductores de los autocares estuvieron en huelga. ¿Cómo fue Elena a la ciudad? ¿Hubo un problema?

_____

_____

3. Elena tomó el AVE a Sevilla pero no lo tomó a La Coruña. ¿Por qué? ¿Qué tomó?

_____

_____

4. Santiago de Compostela es una ciudad gallega muy interesante. Un hotel famoso en la ciudad es el Hostal de los Reyes Católicos. ¿Qué sabes tú de este hotel?

_____

_____

Estructura • Repaso

Pretérito de los verbos irregulares

4 **En un restaurante** Completa con el pretérito de los verbos.

1. Yo _____ un carro. (conducir)

2. Lupe _____ otro carro. (conducir)

3. Nosotros _____ a un restaurante bueno y económico en el campo. (ir)

4. El camarero _____ a la mesa. (venir)

5. Él _____ el menú y lo _____ en la mesa.
(traer, poner)

6. La mayoría de nosotros no lo _____ comprender. (poder)

7. Ana nos lo _____ (traducir)

8. Nosotros _____ que pedir en español porque el camarero no comprendió ni una palabra de inglés. (tener)

9. Una vez él no comprendió y nos _____ una señal. (hacer)

10. Y luego nosotros se lo _____ otra vez. (decir)

11. Después de comer, nosotros _____ por los jardines. (andar)

12. Nadie _____ volver a la ciudad. (querer)

5 **En el mismo restaurante** Contesta según la Actividad 4.

1. ¿Quiénes condujeron?

_____

2. ¿Adónde fueron ustedes?

_____

_____

3. ¿Qué hizo el camarero cuando vino a la mesa?

_____

_____

4. ¿Quién tradujo el menú?

_____

5. ¿Por qué tuvo que traducir el menú?

_____

6. ¿Por qué fue necesario pedir en español?

_____

7. ¿Por qué anduvieron ustedes por los jardines después de comer?

_____

_____

6 **Al aeropuerto** Escribe en el pretérito.

1. Elena va a España. Ella lo pasa bien allí. Se divierte mucho.

_____

_____

2. Lo encuentra muy fácil viajar de un lugar a otro.

_____

_____

3. Un día hay un tapón en la autopista y Elena y sus amigos llegan tarde a Barajas, el aeropuerto de Madrid. Pierden su vuelo y tienen que tomar el puente aéreo.

_____

_____

_____

4. Cuando llegan a Palma de Mallorca los conductores de los autocares están en huelga. ¿Qué hacen? Ponen sus maletas en el baúl de un taxi y van a la ciudad. Una vez más no hay problema. El taxista les cobra lo que indica el taxímetro.

_____

_____

_____

_____

5. Van de Madrid a Sevilla en el AVE. En menos de tres horas están en Sevilla.

_____

_____

_____

6. Pero no pueden tomar el AVE a La Coruña. Tienen que tomar el tren nocturno y el viaje es mucho más largo pero no importa porque se divierten mucho en el tren.

_____

_____

_____

_____

WORKBOOK
Copyright © by The McGraw-Hill Companies, Inc.

Capítulo 1
Lección 3: Periodismo

Vocabulario para la lectura

Trenes que no necesitan conductor

1 **¿Cuál es la palabra?** Da la palabra.

1. un tren subterráneo _____

2. el que se sirve de algún servicio _____

3. el que maneja o conduce un vehículo _____

4. un plano de una ciudad _____

5. un encargo, una orden _____

Lectura

Trenes que no necesitan conductor

2 **Trenes que no necesitan conductor** Busca los detalles siguientes.

1. la ciudad a la que va a servir el tren _____

2. el número de la línea _____

3. el nombre del modelo _____

4. el número de usuarios que pueden viajar sentados _____

5. el número de pasajeros que pueden ir de pie _____

6. lo que tiene para el uso de los minusválidos _____

_____

7. donde está la factoría que va a fabricar esos trenes _____

_____

8. otras ciudades donde están en uso estos trenes _____

_____

Vocabulario para la lectura

Mueren cinco inmigrantes

3 **¿Cuál es la palabra?** Completa.

1. Una _____ es un tipo de barco.

2. La patera _____ contra una roca y _____.

3. Afortunadamente hubo una _____ en el área que

_____ a las víctimas.

4. El _____ tuvo lugar anteayer.

5. Las víctimas _____ ayuda.

Lectura

Mueren cinco inmigrantes

4 **Mueren inmigrantes** Corrige las oraciones falsas.

1. Dos inmigrantes murieron al naufragar la patera.

_____

2. Hubo treinta y cinco mujeres abordo.

_____

3. El suceso se produjo a la medianoche.

_____

4. Una persona consiguió huir cuando llegó a tierra.

_____

_____

5. Un ministro español pidió ayuda a Francia en la lucha para controlar la inmigración ilegal.

_____

_____

_____

Estructura • Avanzada

Sustantivos femeninos en a, ha inicial

5 **Artículos y adjetivos** Completa con el artículo definido y el adjetivo.

1. _____ agua del océano es _____. (salado)

2. _____ armas de fuego son _____. (peligroso)

3. _____ hambre en aquel país es _____. (espantoso)

4. _____ águila tiene _____ ala _____. (roto)

5. _____ problema existe en _____ (todo) _____

   área _____. (metropolitano)

Sustantivos irregulares que terminan en a

6 **Palabras de origen griego** Completa con el artículo definido.

1. _____ mapas están en la guantera del carro.

2. No, _____ programa no está en la guantera.

3. No está funcionando _____ sistema eléctrico.

4. Recibí _____ telegrama esta mañana.

5. Él me indicó _____ días que estaría con nosotros.

7 **Singular y plural** Escribe en el singular o en el plural.

1. El tema es muy interesante.

   _____

2. Los mapas de los sistemas de metro están con los telegramas.

   _____

3. Me gustan más los poemas que los dramas.

   _____

4. Las fotos están en las manos del niño.

   _____

Pronombres demostrativos

8 **Esos artículos y aquellos mapas** Escribe en el singular.

1. Esos que tiene tu hermano son más recientes que aquellos.

_____

2. Esos artículos en *el ABC* son más largos que estos.

_____

3. En aquellos pueden ir sólo 65 usuarios sentados pero en estos pueden ir 110.

_____

4. Aquellos mapas allá en la librería son mejores que estos que tengo yo. Estos tienen menos detalles que aquellos.

_____

_____

_____

Pronombres demostrativos y posesivos

9 **Un billete extraviado** Completa con la forma apropiada del pronombre posesivo o demostrativo.

—¿Quién tiene mi billete?

—No tengo idea. _____ que tengo (aquí) es
                1

_____ y _____ (allá en la mesa) es de
    2   **3**

Carlos.

—Pues, si _____ es _____ y
          4   **5**

_____ es de Carlos, ¿dónde está _____?
    6   **7**

—No sé lo que has hecho con _____. Mira, hay un billete con tu
             8

pasaporte.

—Sí, lo sé. Pero _____ que ves allí con mi pasaporte no es
          9

_____. Es _____ Sandra.
    10   **11**

—¿Cómo puedes saber donde está _____ Sandra y no tienes idea
             12

de dónde está _____?
    13

Capítulo 2
Lección 1: Cultura

Vocabulario para la lectura

1 **Cuál es la palabra?** Completa.

1. El _____ y la _____ son metales
   preciosos.

2. La madera y el petróleo son _____.

3. Una _____ teje un _____.

4. Es una vista muy bonita, muy _____.

5. Es una zona muy _____ donde siempre hay mucha precipitación.

6. Es una zona _____ donde siempre hace mucho calor.

7. Ellos no son pobres. Son bastante _____.

8. No es dulce. Todo lo contrario. Es muy _____.

2 **¿Cómo se dice?** Contesta.

1. ¿Qué es un quipu?

   _____

   _____

2. ¿Qué es un criollo?

   _____

   _____

3. ¿Qué es un(a) tejedor(a)?

   _____

3 **Palabras emparentadas** Da una palabra relacionada.

1. llover _____

2. el cultivo _____

3. el sitio _____

4. una escasez _____

5. el apoyo _____

6. la subyugación _____

Lectura

4 **Geografía y clima** Contesta.

1. ¿En cuántas zonas geográficas se dividen Ecuador y Perú?

   _____

2. ¿Cuáles son?

   _____

   _____

3. ¿Por qué vive el menor número de habitantes en la zona de las selvas?

   _____

   _____

4. ¿Qué es la corriente Humboldt?

   _____

   _____

5. ¿Por qué no tiene costa Bolivia?

   _____

   _____

   _____

5 **La época precolombina** Identifica.

1. el Inca _____

   _____

   _____

2. el ayllu _____

   _____

   _____

3. Viracocha _____

   _____

   _____

4. el quechua _____

   _____

   _____

5. el quipu _____

   _____

   _____

6. Machu Picchu _____

_____

7. los chasquis _____

_____

_____

8. el chuño _____

_____

_____

9. el charqui _____

_____

_____

6 **La conquista** Contesta.

1. Después de la muerte de Huayna Capac, ¿en qué se dividió el gran Imperio?

_____

_____

2. ¿Por qué encontró Francisco Pizarro muy poca resistencia?

_____

_____

_____

3. ¿Qué querían hacer los conquistadores?

_____

_____

_____

4. ¿Por qué querían convertir a los indígenas?

_____

_____

_____

7 **La encomienda** Explica lo que es la encomienda.

_____

_____

_____

_____

_____

8 **La colonización** ¿Sí o no?

	SÍ	NO
1. Durante la primera parte de la colonización, el virreinato de Perú incluía solamente Perú y Ecuador.	☐	☐
2. Las ciudades que establecieron los colonizadores se parecían mucho a las ciudades de España.	☐	☐
3. La plaza se situaba en las afueras.	☐	☐
4. Las casas de la gente de la clase alta solían tener dos pisos y balcones de madera.	☐	☐
5. Las casas de las clases más humildes tenían más pisos pero una familia diferente vivía en cada piso.	☐	☐
6. En la sociedad colonial había muy pocas diferencias sociales.	☐	☐

9 **Desde la independencia** Contesta.

1. Después de tres siglos de dominación española, ¿quiénes pedían reformas?

_____

_____

_____

2. ¿Por qué querían su independencia? ¿Qué no pudieron seguir aceptando?

_____

_____

_____

3. ¿Cuál fue otro suceso histórico que contribuyó al deseo de independencia?

_____

_____

_____

4. ¿Cuándo empezaron las rebeliones independentistas?

_____

_____

5. ¿Quién luchó en el norte?

_____

_____

_____

6. ¿Quién luchó en el sur?

_____

_____

7. ¿Dónde se encontraron los dos?

_____

_____

8. ¿Qué batallas determinaron la independencia?

_____

_____

9. Después de la independencia, ¿en qué se dividieron los antiguos virreinatos?

_____

_____

10. ¿Qué países sudamericanos han conservado una mayor población indígena?

_____

_____

10 **Visitas** Identifica.

1. Machu Picchu _____

_____

_____

2. Chan Chan _____

_____

_____

3. Otavalo _____

_____

_____

4. El convento de Santa Catalina _____

_____

_____

_____

_____

Estructura • Repaso

Imperfecto

 En el plural Escribe en el plural.

1. Yo vivía en La Paz.

   _____

2. Yo tenía una casa de dos pisos.

   _____

   _____

3. Mi hermano dormía en el segundo piso.

   _____

   _____

4. Él dormía mucho, pero yo no. Yo siempre estudiaba.

   _____

   _____

5. Y tú, ¿dormías mucho o estudiabas mucho cuando eras muy joven?

   _____

   _____

12 **Una señora generosa y rica** Completa con el imperfecto de los verbos.

1. La señora Martín _____ en Cuenca, Ecuador. (vivir)

2. Todos los días el chófer la _____ al mercado. (llevar)

3. Allí ella _____ comida y otras cosas que

   _____ . (comprar, necesitar)

4. Cuando ella _____ al mercado, les _____

   monedas a los pícaros que de costumbre la _____ en la calle.

   (ir, dar, esperar)

5. Los niños _____ que esta señora rica

   _____ muy generosa. (saber, ser)

6. Por la tarde la señora _____ a casa. (volver)

13 **Una excursión con papi** Completa con el imperfecto de los verbos.

1. Cuando Pablo _____ muy joven, él

   _____ con frecuencia a las montañas. (ser, ir)

2. Su padre lo _____ siempre. (acompañar)

3. Ellos _____ casi todos los sábados. (ir)

4. Cuando ellos _____ a las montañas,

   _____ una merienda. (llegar, preparar)

5. Papi _____ el almuerzo y Pablito _____
   la mesa plegable. (preparar, poner)

6. _____ un lago en las montañas. (haber)

7. Pablo _____ en el lago cuando _____
   buen tiempo. (nadar, hacer)

8. A Pablo le _____ mucho estas pequeñas excursiones con papi.
   (gustar)

Capítulo 2

Lección 2: Conversación

Vocabulario para la conversación

 ¿Qué es? Identifica.

1. _____

2. _____

3. _____

4. _____

2 **Original** Emplea cada palabra en una oración original.

1. robar

_____

2. empujar

_____

3. la víctima

_____

4. una denuncia

_____

Conversación

3 **La verdad del robo** Dibuja un círculo alrededor de la letra que corresponde a la mejor descripción del robo.

1. **a.** Elena estaba en el barrio moderno de Quito.
   b. Elena estaba en el casco antiguo.

2. **a.** Ella visitaba la iglesia de la Merced.
   b. Ella visitaba la iglesia de San Agustín.

3. **a.** Había mucha gente y Elena estaba para salir cuando alguien la empujó.
   b. Había mucha gente y Elena estaba para entrar cuando alguien la empujó.

4. **a.** Elena sabía que el señor la quería robar.
   b. Elena creía que el señor quería avanzar.

5. **a.** El señor que la empujó la robó.
   b. Cree que fue otro quien la robó.

6. **a.** Los carteristas casi siempre trabajan solos.
   b. Los carteristas casi siempre trabajan en pares.

7. **a.** Elena llevaba mucha plata.
   b. Llevaba unos 20 dólares.

8. **a.** José fue robado en el metro de Madrid.
   b. José fue robado en el mismo lugar.

Estructura • Repaso

Imperfecto y pretérito

4 **Depende de cuando** Escoge.

1. ¿A qué hora _____ anoche?
   a. llegabas   **b.** llegaste

2. Siempre _____ bien.
   a. jugaba   **b.** jugó

3. En la universidad _____ todas las noches.
   a. estudiábamos   **b.** estudiamos

4. Ellos _____ el otro día.
   a. venían   **b.** vinieron

5. Carlos me lo _____ ayer.
   a. decía   **b.** dijo

6. Alguien te _____ por teléfono hace una hora.
   a. llamaba   **b.** llamó

7. La profesora _____ el poema para la clase.
   a. traducía   **b.** tradujo

8. María _____ cuando su padre llamó por teléfono.
   a. comía   **b.** comió

5   **Un robo** Completa con el imperfecto o el pretérito.

Elena _____ (estar) para salir de una iglesia pequeña del casco
₁

antiguo. _____ (Haber) mucha gente en el portón y un señor
₂

_____ (empujar) a Elena. Ella _____ (creer)
₃ ₄

que el señor _____ (querer) avanzar. Pero unos momentos después
₅

ella se _____ (dar) cuenta que ya no _____
₆ ₇

(tener) su cartera. Afortunadamente Elena no _____ (llevar) mucha
₈

plata y el carterista _____ (robar) sólo unos 20 dólares.
₉

6   **Cuando era niño(a)** Completa con el pasado de los verbos.

Cuando yo _____ (ser) niño(a), yo _____
₁ ₂

(levantarse) temprano los sábados. A las seis de la mañana, yo _____
₃

(salir) de casa con mi familia. En el invierno nosotros _____ (ir) a las
₄

montañas y en el verano _____ (ir) a la playa. En las montañas yo
₅

siempre _____ (esquiar). En la playa toda la familia
₆

_____ (nadar). Nosotros _____ (correr) las
₇ ₈

olas o _____ (tomar) el sol.
₉

Una vez mi hermano menor _____ (ponerse) enfermo. Por eso
₁₀

nosotros _____ (tener) que volver a casa temprano. Mi madre
₁₁

_____ (llamar) al médico y él _____ (venir)
₁₂ ₁₃

enseguida. Él _____ (examinar) a mi hermanito y nos
₁₄

_____ (decir) que él había tomado demasiado sol.
₁₅

Dos acciones en la misma oración

7 **¿Qué lo interrumpió?** Completa con el pasado de los verbos.

1. Mamá _____ cuando papi _____ por
   teléfono. (comer, llamar)

2. Yo _____ cuando me _____ . (esquiar, caer)

3. Tomás, ¿a qué _____ cuando yo te _____ ?
   (jugar, ver)

4. Los jóvenes _____ cuando el profesor _____ .
   (estudiar, llegar)

5. Yo _____ en el sofá cuando mis amigos me

   _____ . (dormir, despertar)

Capítulo 2
Lección 3: Periodismo

Vocabulario para la lectura

Nuevas explosiones en volcán Tungurahua

 ¿Cuál es la palabra? Expresa de otra manera.

1. Hay tantos terremotos y otros desastres que tienen que *mover* el negocio.

_____

2. ¡Qué lindo está el cielo *sin nubes!*

_____

3. Yo creo que el vapor que está saliendo del volcán va a *evaporarse* pronto.

_____

4. La nube tiene la forma de un *champiñón.*

_____

5. Van a anunciar una *pausa de hostilidad.*

_____

2 **Una erupción** Describe el dibujo.

_____

_____

_____

Lectura

Nuevas explosiones en volcán Tungurahua

3 **El volcán** ¿Sí o no?

	SÍ	NO
1. El volcán hizo erupción durante la noche.	☐	☐
2. El hongo alcanzó unos 5 kilómetros de altura.	☐	☐
3. Había muchos turistas en el área.	☐	☐
4. El día de la erupción hacía mal tiempo.	☐	☐
5. Fue una erupción subterránea.	☐	☐
6. Los oficiales aseguraron que el volcán está en permanente control.	☐	☐
7. Fue necesario reubicar el ganado porque la tierra estaba cubierta de ceniza.	☐	☐

Vocabulario para la lectura

Ayacuchana cumplió 110 años

4 **¿Cuál es la palabra?** Da la palabra apropiada.

1. lo que llevamos en la cara cuando estamos contentos _____

2. rehusar (no hacer) lo que uno debe hacer _____

3. una señora cuyo esposo (marido) está muerto _____

4. dar algo a alguien como regalo _____

5. muy placentero y caluroso _____

Lectura

Ayacuchana cumplió 110 años

5 **Una señora anciana** Escribe una breve sinopsis de la vida de esta señora ayacuchana.

_____

_____

_____

_____

_____

Estructura • Avanzada

Subjuntivo

6 **Mañana quiero que mis amigos...** ¿Cuáles son cinco cosas que tú quieres que tus amigos hagan mañana?

1. _____

2. _____

3. _____

4. _____

5. _____

7 **Mis padres quieren que yo...** ¿Cuáles son cinco cosas que tus padres quieren que tú hagas?

1. _____

2. _____

3. _____

4. _____

5. _____

Subjuntivo con expresiones impersonales

8 **Personalmente** Completa personalmente.

1. Es probable que yo _____.

2. Es posible que yo _____.

3. Es necesario que yo _____.

4. Es importante que yo _____.

5. Es mejor que yo _____.

9 **Conozco a mis amigos** Completa personalmente.

1. Es probable que mis amigos _____.

2. Es imposible que ellos _____.

3. Pero es posible que ellos _____.

10 **Un viaje** Completa.

1. Voy a hacer un viaje a Lima. Pero antes de salir tengo mucho que hacer. Es necesario que

   yo _____

   _____

   _____

2. Mi amigo(a) va a acompañarme. Durante el viaje quiero que él/ella _____

   _____

   _____

3. Durante el viaje es importante que nosotros _____

   _____

   _____

Subjuntivo en cláusulas nominales

11 **Preguntas personales** Completa.

    1. Espero que (Tengo ganas de que) tú _____

    _____

    2. Francamente prefiero que tú _____

    _____

    3. Yo sé que tú quieres que yo _____

    _____

    4. Todo el mundo exige que (insiste en que) yo _____

    _____

    5. Pero yo insisto en que tú _____

    _____

12 **El/La profesor(a)** Escribe cinco cosas que tu profesor(a) de español insiste en que sus alumnos hagan.

    1. _____

    2. _____

    3. _____

    4. _____

    5. _____

Capítulo 3
Lección 1: Cultura

Vocabulario para la lectura

 1 **¿Qué es?** Identifica.

1. _____
2. _____
3. _____
4. _____
5. _____

2 **¿Cuál es la palabra?** Completa.

1. La _____ es una fruta.

2. Un _____ es una tormenta o tempestad.

3. El ganado _____ en las llanuras argentinas.

4. Un _____ no es muy alto.

5. Un _____ da uvas.

6. Un _____ es una acumulación de nieve transformada en hielo.

7. Una _____ es un viento que aumenta de velocidad rápidamente pero que dura muy poco tiempo.

3 **¿Cuál es la palabra?** Expresa de otra manera.

1. *La ropa que lleva el gaucho* incluye un poncho y bombachas.

_____

2. El tiempo está muy *tormentoso*.

_____

3. Es un grupo muy *tranquilo*.

_____

4. Es la ciudad más *sureña*.

_____

5. Son tipos *muy agresivos*.

_____

6. Le tienen *mucha antipatía y aversión*.

_____

Lectura

4 **Chile** Contesta.

1. ¿Qué países comprende el Cono sur?

_____

_____

2. ¿Qué forma tiene Chile?

_____

_____

3. ¿Cómo es el desierto de Atacama y dónde está?

_____

_____

4. ¿Cómo es el clima en la región de Santiago?

_____

_____

5. ¿Qué tiempo hace más al sur?

_____

_____

5 **Argentina** Completa.

1. Se puede dividir la Argentina en _____ grandes regiones naturales.

2. Las llanuras del nordeste es una región _____. Es famosa por su _____ y agricultura.

3. _____ es la región de volcanes, altiplanos y una gran población _____ .

4. _____ es una inmensa llanura de hierba que cubre un 25 por ciento del país. Es la región del famoso _____ argentino.

5. _____ y _____ son regiones frías y secas de llanuras de suelo seco y rocoso.

6 **Uruguay y Paraguay** ¿Sí o no?

	SÍ	NO
1. Uruguay es el país más grande de la América del Sur.	☐	☐
2. En los llanos uruguayos hay muchas estancias grandes.	☐	☐
3. Paraguay, como Bolivia, no tiene costa.	☐	☐
4. En muchas partes de Paraguay hace frío durante todo el año.	☐	☐
5. El Chaco es una zona muy húmeda.	☐	☐

7 **Civilizaciones precolombinas** Explica.

1. las diferencias entre los grupos indígenas al norte del Cono sur y los del Cono sur

_____

_____

_____

_____

_____

2. las características de los guaraníes de Paraguay

_____

_____

_____

_____

3. influencias guaraníes en la vida contemporánea paraguaya

_____

_____

_____

_____

8   **El gaucho y la Pampa**   Contesta.

1. ¿De qué es el gaucho el símbolo?

_____

_____

2. ¿Por qué apareció el gaucho?

_____

_____

3. ¿Quiénes eran los gauchos?

_____

_____

4. ¿Qué llevaban?

_____

_____

5. ¿De qué eran los guardianes?

_____

_____

6. ¿Qué no conocían los gauchos?

_____

_____

7. ¿Qué tipo de espíritu tenían?

_____

_____

8. ¿Con quiénes se comparan de vez en cuando?

_____

_____

9 **Evita**   En tus propias palabras, escribe una biografía breve de Evita Duarte de Perón.

_____

_____

_____

_____

_____

_____

10 **La Patagonia y Tierra del Fuego**   Contesta.

1. ¿Dónde están la Patagonia y la Tierra del Fuego?

_____

2. ¿Qué tipo de región es?

_____

_____

3. ¿Cómo se compara la costa patagónica chilena con la argentina?

_____

_____

_____

4. ¿Qué hay en el interior de la Patagonia?

_____

_____

5. ¿De dónde viene el nombre de los pingüinos?

_____

_____

_____

6. ¿Cómo recibió su nombre la Patagonia?

_____

_____

_____

7. Y, ¿la Tierra del Fuego?

_____

_____

_____

8. ¿Qué es Ushuaia?

_____

_____

_____

11 **Visitas y comidas**   Contesta personalmente.

Si haces un viaje al Cono sur, ¿qué quieres visitar y qué quieres comer?

_____

_____

_____

_____

_____

Estructura • Repaso

Ser y estar

12   **Ser y estar**   Completa con la forma apropiada de **ser** o **estar**.

1. ¿De dónde _____ yo? Yo _____ de

     _____ .

2. Mi padre _____ de _____ .

3. Mi madre _____ de _____ .

4. Ahora nosotros _____ en _____ .

5. Nuestra casa _____ en la calle _____ .

6. La calle _____ en _____ .

7. La calle _____ ancha.

8. Nuestra casa _____ pequeña.

9. Las flores que _____ en la mesa _____
   de nuestro jardín.

10. Las flores _____ amarillas y rojas.

13   **¡Pobre Joselito!**   Escoge.

1. Joselito _____ cansado.

     a. está   **b.** es

2. No se siente bien. _____ enfermo.

     a. Está   **b.** Es

3. Él _____ en el hospital.

     a. está   **b.** es

4. El enfermero que lo cuida _____ muy simpático.

     a. está   **b.** es

5. Él _____ bastante joven.

     a. está   **b.** es

6. Siempre _____ de buen humor.

     a. está   **b.** es

7. Siempre tiene una sonrisa. Nunca _____ triste.

     a. está   **b.** es

8. Su personalidad _____ muy agradable.

     a. está   **b.** es

14 **Arica** Completa con **ser** o **estar.**

1. Arica _____ en la costa de Chile.

2. Arica _____ en el norte en el desierto de Atacama.

3. Las playas de arena blanca de Arica _____ muy bonitas.

4. Las playas _____ muy populares con los bolivianos.

5. Las aguas de la costa Pacífica _____ por lo general muy frías a causa de la corriente de Humboldt.

6. Pero las aguas de las playas de Arica _____ más calientes.

7. La iglesia de San Marcos _____ en la plaza principal de Arica.

8. Esta iglesia _____ muy interesante.

9. La iglesia _____ de Inglaterra pero ahora

   _____ en Arica, Chile. ¿Cómo puede

   _____ ?

10. Pues, enviaron la iglesia en piezas prefabricadas de Inglaterra. La torre de la iglesia

    _____ de acero. Y, ¿quién la diseñó? El famoso Alexandre Eiffel

    quien construyó la torre Eiffel que _____ en París.

Capítulo 3
Lección 2: Conversación

Vocabulario para la conversación

 Artículos de ropa   Prepara una lista de todos los artículos de ropa que has aprendido en español.

_____

_____

_____

_____

_____

_____

_____

2 **¿Qué es?**   Identifica.

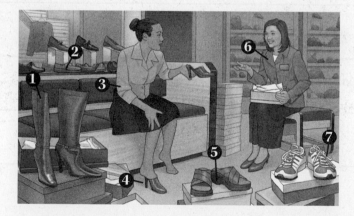

1. _____

2. _____

3. _____

4. _____

5. _____

6. _____

7. _____

3 **De compras** Completa.

1. Estos zapatos no me sientan bien. Me _____. Me hace falta un

   _____ mayor.

2. Prefiero una bragueta con cierre o _____, no

   _____.

3. Me gusta esta corbata. La voy a comprar porque _____ con mi

   corbata favorita.

4. Muchos sacos tienen _____.

5. Dos telas naturales son _____ y _____.

6. No se puede lavar un suéter de lana porque se _____ enseguida.

7. A mí me gusta mucho el poliéster. Yo sé que es una _____

   sintética pero no se _____ y a mí no me gusta nada

   _____.

Conversación

4 **En una tienda de calzado** Contesta.

1. ¿Qué quiere comprar Roberto en la tienda de calzado?

   _____

2. ¿Qué número usa?

   _____

3. ¿Qué tipo de tacón le gusta más?

   _____

4. ¿Tienen cremallera las botas?

   _____

5. ¿Cómo le sientan a Roberto?

   _____

6. ¿Qué tal el número mayor?

   _____

5   **En una tienda de ropa**   Corrige las oraciones falsas.

1. Madela quiere comprar una chaqueta y una falda de estilo muy formal.

_____

_____

2. La dependienta le muestra una falda gris acero.

_____

_____

3. La falda llega justo al tobillo.

_____

_____

4. La dependienta le muestra una chaqueta rosada con solapas estrechas y botones de plata.

_____

_____

5. La chaqueta no hace juego con la falda.

_____

_____

6. Una bufanda le da un toque extra al conjunto.

_____

_____

Estructura • Repaso

Verbos especiales con complemento indirecto

6   **Reacciones**   Expresa las siguientes ideas en español.

1. That (**Eso**) really bothers me.

_____

2. It surprises me.

_____

3. It scares me.

_____

4. It makes me angry.

_____

Nombre _____   Fecha _____

 7 **Un episodio ficticio**   ¿Qué pasó en la Actividad 6? Usa tu imaginación.

_____

_____

_____

_____

_____

_____

_____

8 **Personalmente**   Completa.

1. Él me enfurece porque _____.

2. Él me enoja porque _____.

3. Él me sorprendió porque _____.

4. Él me asustó porque _____.

Gustar y faltar

9 **Preferencias** Cambia **preferir** en **gustar más.**

1. Prefiero el bife argentino.

_____

2. Carlos prefiere la carne vuelta a vuelta.

_____

3. Tú la prefieres quemada, ¿no?

_____

4. Nosotros preferimos el pescado y los mariscos.

_____

5. Carolina prefiere el chupe de mariscos.

_____

6. Mis amigos prefieren el pescado.

_____

10 **Necesidades** Escribe cada oración cambiando el verbo **necesitar** en **faltar.**

1. Necesito tiempo.

_____

2. ¿Necesitas dinero?

_____

3. Ellos necesitan cambio.

_____

4. Necesitamos unos días de descanso.

_____

Palabras negativas y afirmativas

11 **¿Hay algo o no hay nada?**   Contesta según los dibujos.

1. ¿Hay algo en la mesa?
_____

_____

¿Qué hay en la mesa?
_____

_____

2. ¿Tiene algo en la mano el muchacho?
_____

_____

¿Qué tiene en la mano?
_____

_____

3. ¿Está leyendo alguien el periódico?
_____

_____

4. Cuando usted mira detrás de la puerta, ¿ve a alguien?
_____

_____

¿Quién está detrás de la puerta?
_____

_____

5. ¿Alguien está en el garaje?
_____

_____

¿Quién está en el garaje?
_____

_____

6. ¿Tiene la señorita algo que leer?
_____

_____

¿Qué tiene que leer?
_____

_____

Capítulo 3
Lección 3: Periodismo

Vocabulario para la lectura

Ejecutivos en manga corta

1 **Preferencias** Contesta personalmente.

1. ¿Te gusta más tener el botón superior de una camisa abrochado o desabrochado?

   _____

2. ¿Te gustan más las camisas estampadas o las camisas sin diseños?

   _____

3. ¿Quieres que tu camisa o blusa tenga pliegues?

   _____

4. ¿Te gusta poner tu lapicera en el bolsillo de tu camisa o blusa?

   _____

5. ¿Te gustan los colores llamativos o no?

   _____

Lectura

Ejecutivos en manga corta

2 **Una camisa de manga corta** Da tus opiniones sobre lo que dice la señora en este artículo sobre el uso de camisas de manga corta. ¿Estás de acuerdo con ella o no?

_____

_____

_____

_____

_____

_____

Vocabulario para la lectura

Cuando hay que dejar el hogar

3 **Otra palabra** Da la palabra.

1. aumentar, hacerse más grande _____

2. el objetivo, el gol _____

3. tener en común _____

4. en la opinión de _____

5. apropiado, suficiente _____

6. la casa familial _____

4 **Una frase** Escribe una frase original usando cada palabra.

1. fracasar

_____

2. el hogar

_____

3. adecuado

_____

4. la meta

_____

5. crecer

_____

Lectura

Cuando hay que dejar el hogar

5 **Ventajas y desventajas** Según este artículo, ¿cuáles son las ventajas y desventajas de no salir de casa para hacer los estudios universitarios? Y, ¿cuáles son las ventajas y desventajas de dejar el hogar familiar e ir a estudiar en otra ciudad?

_____

_____

_____

_____

_____

_____

_____

   WORKBOOK

Estructura • Avanzada

Subjuntivo con expresiones de emoción

6 **Sentimientos** Completa.

1. Me gusta que mis amigos _____

_____

_____

_____

2. Pero me entristece que mis amigos _____

_____

_____

7 **Emociones y reacciones** Completa esta conversación entre tú y un(a) buen(a) amigo(a).

1. —Estoy contento(a) que tú _____

_____

2. —Pero estoy triste que tú _____

_____

3. —Francamente me sorprende que tú _____

_____

4. —Siento que tú _____

_____

5. —A mi parecer, es una lástima que tú _____

_____

8   **Una carta** Escríbele una carta a otro(a) amigo(a), explicándole el problema que existe entre tú y su amigo(a) de la Actividad 7.

Capítulo 4
Lección 1: Cultura

Vocabulario para la lectura

 ¿Qué es? Identifica.

1. _____   2. _____

3. _____

2 **Palabras** ¿Sí o no?   **SÍ** **NO**

1. Un terremoto suele no causar mucha destrucción.   ☐   ☐
2. Una estela es un monumento o pedestal de carácter conmemorativo.   ☐   ☐
3. Un rascacielos es un edificio muy alto de muchos pisos que por poco   ☐   ☐
   rasca el cielo.
4. La hamaca cuelga del suelo del bohío.   ☐   ☐
5. Muchos bohíos o chozas son de paja.   ☐   ☐
6. Es bastante difícil andar o caminar por una callejuela de adoquines   ☐   ☐
   sobre todo si uno lleva un tacón alto.
7. Los platos picantes no tienen ningún sabor.   ☐   ☐
8. Soler hacer algo es tener la costumbre de hacerlo.   ☐   ☐

Lectura

3 **Geografía** Contesta.

1. ¿Qué comprende el istmo de Centroamérica?

   _____

   _____

2. ¿Qué se extiende desde el norte hasta el sur del istmo?

   _____

   _____

3. ¿Qué tiene Centroamérica?

   _____

   _____

4. ¿Cuál es una desventaja de los volcanes y cuál es una ventaja?

   _____

   _____

5. ¿Por qué tiene una gran variedad de terreno y clima el istmo?

   _____

   _____

6. ¿Quiénes son los Chocó?

   _____

   _____

7. Por lo general, ¿qué tiempo hace en las costas?

   _____

   _____

8. Y, ¿qué tiempo hace en la cordillera?

   _____

   _____

4 **Los mayas** Da un comentario sobre cada uno de los siguientes temas.

1. el calendario maya

_____

2. la escritura maya

_____

3. las estelas mayas

_____

_____

4. utensilios de los mayas

_____

5. el Popul Vuh

_____

_____

6. la decadencia del Imperio maya

_____

_____

_____

5 **Capitales centroamericanas** Escribe a lo menos una frase para describir cada capital.

1. la Ciudad de Guatemala

_____

_____

2. Tegucigalpa

_____

_____

3. Managua

_____

_____

4. San José

_____

_____

6 **Capitales** Contesta.

1. ¿Qué significa Tegucigalpa?

   _____

   _____

2. ¿Qué significa Managua?

   _____

   _____

3. ¿Por qué fue trasladada la capital de Guatemala de Antigua a la ciudad de Guatemala?

   _____

   _____

4. ¿Por qué fue trasladada la capital de Nicaragua de León a Managua?

   _____

   _____

5. ¿Cuál fue la capital de Costa Rica cuando el país recibió su independencia en 1821?

   _____

   _____

7 **Visitas** Contesta.

1. ¿Dónde está Tikal y qué tipo de región es?

   _____

   _____

2. ¿Qué tipo de juego jugaban los mayas en la cancha de pelota que se puede ver en Copán? Descríbelo.

   _____

   _____

   _____

3. ¿Cómo viven los indígenas de las islas de San Blas en Panamá?

   _____

   _____

4. ¿Qué es una mola?

   _____

   _____

8 **Comida** Identifica.

1. las alubias

_____

_____

2. el gallopinto

_____

_____

3. la mariscada

_____

_____

4. el sancocho

_____

_____

5. bocas

_____

_____

6. boquitas

_____

_____

7. los ticos

_____

_____

8. los nicos

_____

_____

Estructura • Repaso

Futuro

 ¿Qué hará ella? Escribe en el futuro.

1. Ella va a hacer una llamada.

   _____

2. La línea va a estar ocupada.

   _____

3. Sus amigos van a estar hablando.

   _____

4. Ella va a tener que esperar.

   _____

5. Ella va a tener que hacer la llamada otra vez.

   _____

6. Ella va a hacer la llamada por segunda vez.

   _____

7. Otra vez la línea va a estar ocupada.

   _____

8. Ella va a salir de la cabina telefónica.

   _____

9. Ella va a esperar cinco minutos más.

   _____

10. Luego ella va a perder paciencia.

    _____

11. Va a entrar de nuevo en la cabina.

    _____

12. Va a descolgar el auricular y marcar el número.

    _____

13. Por fin su amigo va a contestar.

    _____

14. Ella va a querer saber cuál es el problema.

    _____

15. Ella se lo va a decir.

    _____

Nombre _____ Fecha _____

10 **Un viaje a Honduras** Completa con el futuro.

1. Yo _____ al aeropuerto de San Pedro Sula. (llegar)

2. Mis amigos me _____ esperando allí. (estar)

3. Nosotros _____ a las islas de Roatán donde

   _____ unos días en la playa. (ir, pasar)

4. Yo no sé si _____ el viaje a Roatán en bus o si

   _____ un carro. (hacer, alquilar)

5. No, yo _____. Nosotros _____ un carro

   y _____ los gastos. (insistir, arrendar, compartir)

6. Yo sé que mis amigos _____ pasar unas horas cada día en la
   playa. (querer)

7. Algunos _____ y _____ el sol.
   (nadar, tomar)

8. Pero te aseguro que nadie _____ las olas. Las olas en las islas de
   Roatán no son muy altas y el mar es muy calmo. (correr)

9. No me importa lo que _____ ellos. (hacer)

10. Pero yo sé que _____. (bucear)

Condicional

11 **¿Quién lo haría?** Completa con el condicional de los verbos.

1. Yo _____ la mesa pero no sé dónde están los platos. (poner)

2. Yo te lo _____ pero no sé los detalles. (decir)

3. Él _____ enseguida pero no puede porque su hijo tiene el carro.
   (salir)

4. Ellos lo _____ pero desgraciadamente tienen que estar en la
   oficina. (hacer)

5. Yo sabía que tú no _____ la paciencia que yo tengo. (tener)

6. Ellos _____ pero no pueden porque su padre está enfermo.
   (venir)

12 **Lo haría, pero...** ¿Cuáles son cinco cosas que tú harías pero que no puedes porque no tienes tiempo?

1. _____

   _____

2. _____

   _____

3. _____

   _____

4. _____

   _____

5. _____

   _____

Capítulo 4
Lección 2: Conversación

Vocabulario para la conversación

 1 **¿Qué es?** Identifica.

1. _____

2. _____

3. _____

4. _____

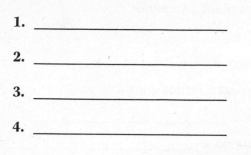

5. _____   6. _____

2 Cosas financieras   Completa.

1. El dinero en efectivo se divide en _____ grandes,

   _____ pequeños, y _____ . A las

   monedas se les llama también _____ .

2. Para usar el cajero automático tienes que _____ tu tarjeta

   bancaria, _____ las instrucciones que salen en la

   _____ y _____ unos botones para entrar

   tu pin o _____ .

3. ¿Cuál es el _____ de cambio? ¿A cuánto

   _____ el dólar hoy?

4. Si compras algo o si alguien te hace algún trabajo, recibes una

   _____ que tienes que pagar. Tienes que pagar el

   _____ que aparece en la _____ .

5. Una _____ es un préstamo a _____

   plazo que uno tiene para comprar una casa.

3 Gastos y pagos   ¿Sí o no?

		SÍ	NO
1.	La tasa de interés para un préstamo a corto plazo es más alta que la de un préstamo a largo plazo.	☐	☐
2.	Si compras algo al contado, lo pagas todo enseguida.	☐	☐
3.	Se puede decir pagar a cuotas o pagar a plazos.	☐	☐
4.	Si pagas algo a plazos es casi siempre necesario hacer pagos diarios.	☐	☐

Conversación

Asuntos financieros

4   **¡A Panamá ya!**   ¿Sí o no?

		SÍ	NO
1.	Panamá es el centro financiero de Latinoamérica.	☐	☐
2.	Si uno va a viajar en Panamá es necesario llevar cheques de viajero.	☐	☐
3.	Puedes servirte del cajero automático para casi todas tus necesidades financieras.	☐	☐
4.	Es necesario tener una cuenta corriente en un banco para sacar dinero del cajero automático.	☐	☐
5.	En Panamá tendrás que cambiar tu dinero con frecuencia porque la moneda panameña es el colón.	☐	☐
6.	No debes hacer cargos en tu tarjeta de crédito que no puedes pagar en cuanto recibas tu factura porque la tasa de interés es muy alta.	☐	☐
7.	Es posible que algún día necesites un préstamo.	☐	☐
8.	Pero una regla que debes tratar de seguir es "comprar todo al contado cuando posible".	☐	☐

Estructura • Repaso

Pronombres de complemento

5 **Amigos**   Contesta con un pronombre.

1. ¿Conoces *a Juan*?

   _____

2. ¿Conoces *a su hermana* también?

   _____

3. ¿Ellos *te* conocen bien?

   _____

4. ¿Hablaste *a Felipe* de tu viaje a Panamá?

   _____

5. ¿Hablaste *a su hermana* también?

   _____

6. ¿Dijiste *a los dos* cuanto te costaría el viaje?

   _____

Dos complementos en la misma oración

6 **¿Le hablaste?**   Contesta con **sí** usando pronombres.

1. ¿Hablaste al agente del banco?

   _____

2. ¿Él te dio tu tarjeta bancaria?

   _____

3. ¿Él te dio las instrucciones para usar el cajero automático?

   _____

4. ¿Le dio tu tarjeta bancaria a tu hermana?

   _____

5. ¿Le dio tu código también?

   _____

6. ¿Les dieron tus padres el dinero para abrir la cuenta corriente?

   _____

Capítulo 4
Lección 3: Periodismo

Vocabulario para la lectura

Anuncios sociales

1 **Sinónimos** Escribe de otra manera.

1. El matrimonio *tuvo lugar* en la iglesia parroquial.

_____

2. Pusieron el anuncio del *fallecimiento* en el periódico.

_____

3. *El obituario* salió en el periódico el 9 de agosto.

_____

4. Ella *terminó* otro ciclo de estudios posgraduados.

_____

5. Todo el mundo lo *celebró*.

_____

6. Él *murió* ayer y nosotros no pudimos asistir al *entierro*.

_____

2 **Oraciones** Emplea en una oración original.

1. la boda

_____

2. la pareja

_____

3. el cortejo

_____

4. felicitar

_____

Lectura

Anuncios sociales

 Matrimonio   Escribe un anuncio sobre el matrimonio de una pareja.

_____

_____

_____

_____

_____

 Fallecimiento   Escribe una esquela sobre el fallecimiento de alguien.

_____

_____

_____

_____

_____

_____

Quinceañera   Escribe un anuncio sobre la quinceañera de una familia conocida.

_____

_____

_____

_____

_____

_____

Vocabulario para la lectura

Amigos con «cédula»

6 La mascota   Contesta con **sí.**

1. ¿Se extravió su mascota?

_____

2. ¿Llevaba una cédula?

_____

3. ¿Alguien la encontró?

_____

4. ¿Se la devolvió a su dueño?

_____

5. ¿Estaban contentos los dueños?

_____

Lectura

Amigos con «cédula»

7 Las mascotas   Contesta.

1. A veces, ¿qué puede significar una puerta abierta que da a la calle?

_____

_____

2. ¿Qué les invade a los dueños de una mascota extraviada?

_____

_____

3. ¿Qué se ha creado para poder identificar las mascotas para devolverlas a sus dueños?

_____

_____

4. ¿Qué es el AVID?

_____

_____

5. ¿Cómo se implanta en el animal?

_____

_____

6. ¿Qué se usa para leer el código?

_____

_____

Estructura • Avanzada

Imperfecto del subjuntivo

8 **Semejanzas** Completa.

	Pretérito (ellos)	Imperfecto del subjuntivo (yo)
1. hablar	_____	_____
2. comer	_____	_____
3. vivir	_____	_____
4. salir	_____	_____
5. poner	_____	_____
6. saber	_____	_____
7. estar	_____	_____
8. tener	_____	_____
9. querer	_____	_____
10. hacer	_____	_____
11. leer	_____	_____
12. pedir	_____	_____
13. ir	_____	_____

9 **Emociones** Completa.

1. Él quería que yo lo _____ y yo quería que él lo

   _____ . (hacer, hacer)

2. Sería necesario que nosotros _____ completamente de acuerdo. (estar)

3. Él estaba contento con que tú se lo _____ . (decir)

4. Ellos esperaban que nosotros _____ asistir a su boda. (poder)

5. Yo temía que ellos _____ . (sufrir)

6. Francamente yo dudaba mucho que él lo _____ . (saber)

7. Ellos insistieron en que él _____ pero no pudo. (venir)

8. Yo lo hice sin que ustedes lo _____ . (saber)

Subjuntivo con conjunciones de tiempo

10 **Conjunciones de tiempo**   Escoge.

1. Yo lo vi cuando _____.
   a. vuelve b. vuelva c. volvió d. volviera

2. Yo sé que lo veré cuando _____.
   a. vuelve b. vuelva c. volvió d. volviera

3. Yo sé que ella le dará un beso en cuanto lo _____.
   a. ve b. vea c. vio d. viera

4. Yo sabía que ella le daría un beso en cuanto lo _____.
   a. ve b. vea c. vio d. viera

5. Ellos se quedarán en mi casa hasta que yo _____.
   a. vuelve b. vuelva c. volvió d. volviera

6. Ellos se quedaron en mi casa hasta que yo _____.
   a. vuelvo b. vuelva c. volví d. volviera

7. Yo sé que yo se lo diré antes de que ella _____.
   a. sale b. salga c. salió d. saliera

8. Y es lo que pasó. Se lo dije antes de que _____.
   a. sale b. salga c. salió d. saliera

9. Yo espero que nosotros lleguemos antes de que _____ ellos.
   a. llegan b. lleguen c. llegaron d. llegaran

10. Yo esperaba tanto que nosotros llegáramos antes de que _____ ellos.
    a. llegan b. lleguen c. llegaron d. llegaran

11. ¿Tú se lo vas a decir cuando él _____ aquí?
    a. está b. esté c. estaba d. estuviera

12. ¿Se lo dijiste cuando él _____ aquí?
    a. está b. esté c. estaba d. estuviera

Capítulo 5
Lección 1: Cultura

Vocabulario para la lectura

1 **¿Cuál es la palabra?** Completa.

1. Los _____ son plantas del desierto.

2. El _____ es un animal salvaje.

3. El _____ es un pájaro bonito de muchos colores.

4. Se puede decir un bosque o una _____.

5. Algunas civilizaciones eran bastante primitivas y otras eran muy _____.

6. Los aliados _____ para derrotar al enemigo.

7. Se puede ver los _____ de las civilizaciones indígenas en muchas partes de Mesoamérica.

2 **La bandera** Describe la bandera mexicana.

_____

_____

_____

_____

Lectura

3 **Geografía** Completa.

1. _____, _____ y _____ forman el continente norteamericano.

2. México es _____ veces más grande que España.

3. _____, _____ y _____ bañan las costas de México.

4. Una enorme _____ cubre una gran parte de México.

5. _____, _____ y _____ son tres volcanes impresionantes.

6. Hay desiertos en el _____ de México y en los estados de

_____ y _____ , por ejemplo.

7. México tiene un clima _____ en el norte,

_____ en el sur tropical y _____ en la

meseta central.

4   Historia   Contesta.

1. ¿Qué encontró Cortés al llegar a México en 1520?

_____

_____

2. ¿Cuál es la primera cultura importante de México?

_____

_____

3. ¿Qué levantaron ellos?

_____

_____

4. ¿Qué eran los mayas?

_____

_____

5. ¿Cómo era su calendario?

_____

_____

6. ¿Dónde se establecieron los toltecas?

_____

_____

7. ¿Cuál fue el último gran imperio de México?

_____

_____

8. ¿Qué eran los aztecas?

_____

_____

9. ¿Qué ciudad establecieron los aztecas?

_____

_____

10. ¿Qué ciudad es hoy?

_____

_____

5   **Hernán Cortés**   Escribe algunas frases sobre Hernán Cortés y la conquista de México.

_____

_____

_____

_____

_____

6   **Visitas**   Identifica.

1. el Zócalo _____

_____

2. Diego Rivera _____

_____

3. Frida Kahlo _____

_____

4. los «Niños Héroes» _____

_____

5. Teotihuacán _____

_____

Estructura • Repaso

Presente perfecto

7   **¿Qué no ha hecho el niño hasta ahora?**   Completa con el presente perfecto de los verbos.

1. Hasta ahora él no _____ dos palabras. (decir)

2. Hasta ahora él no _____ a caminar. (aprender)

3. Hasta ahora él no _____ con papi. (jugar)

4. Hasta ahora él no _____ a abuelita. (sonreír)

5. Hasta ahora él no _____ muchos juguetes. (romper)

8 **¿Por qué no le ha escrito?** Forma frases en el presente perfecto.

1. Todavía / yo / no / le / escribir / Tomás

_____

2. Y cuántas veces / yo / te / decir / debes / escribirle

_____

3. Y cuántas veces / tú / me / prometer / escribirle

_____

4. Pero tú sabes / por qué / yo / no / lo / hacer

_____

5. No, no sé / por qué / tú / no / le / escribir

_____

6. Pues / yo / no / tener / tiempo

_____

7. ¿Tú / no / tener / tiempo?

_____

8. Y tú / recibir / tres / carta / él

_____

9 **¿Qué has hecho hoy?** Escribe un párrafo describiendo lo que has hecho hoy.

_____

_____

_____

_____

_____

_____

Imperativo

10 **¿Qué debo hacer para llegar al centro?**   Completa con el imperativo de los verbos. Usa la forma de **usted.**

1. _____ usted la avenida dos de Mayo. (tomar)

2. _____ usted derecho cinco cuadras. (seguir)

3. Luego _____ usted a la derecha en la calle Silva. (doblar)

4. _____ usted unos cien metros y _____ a la derecha donde queda la iglesia. (seguir, doblar)

5. _____ derecho hasta llegar a la estatua del emperador. (continuar)

6. Al llegar a la estatua _____ usted a la izquierda en la calle Mayor. (doblar)

7. _____ usted derecho hasta llegar al centro. (seguir)

11 **¿Cómo debo ir a San Rafael?**   Completa con el imperativo de los verbos. Usa la forma de **usted.**

1. _____ usted la carretera nacional número dos. (tomar)

2. _____ hasta la autopista. (ir)

3. _____ usted en la autopista. (entrar)

4. _____ usted el segundo peaje. (pagar)

5. _____ usted de la autopista en la salida 97. Es la primera salida después de la garita de peaje. (salir)

6. _____ usted al final. (ir)

7. Al llegar al semáforo _____ a la izquierda. (doblar)

8. _____ usted derecho hasta llegar a San Rafael. Es muy fácil y verá usted muchos rótulos que le indicarán la dirección a San Rafael. (seguir)

12 **Direcciones a mi casa**   Escríbele a un(a) conocido(a) dándole direcciones a tu casa desde la salida de la carretera más cercana. Usa la forma de **usted.**

_____

_____

_____

_____

13 **Una receta para arroz con habichuelas**   Completa con el imperativo de los verbos. Usa la forma de **usted.**

1. _____ usted una lata de habichuelas negras. (abrir)

2. _____ las habichuelas en una cacerola. (poner)

3. _____ una cucharadita de vinagre en la cacerola. (echar)

4. _____ las habichuelas a fuego lento. (cocinar)

5. Aparte, _____ una cacerola de agua. (llenar)

6. _____ el agua. (hervir)

7. _____ una taza de arroz en el agua hirviente. (poner)

8. _____ el agua a la ebullición una vez más. (llevar)

9. _____ sal y pimienta a su gusto. (añadir)

10. _____ el fuego. (bajar)

11. _____ el arroz a fuego lento hasta que esté listo. (cocinar)

12. _____ el arroz con las habichuelas. (servir)

13. _____ o _____ en pedazos una cebolla.
    (tajar, cortar)

14. _____ las cebollas tajadas encima del arroz y habichuelas.
    (poner)

14 Lo que tú debes hacer para llegar al centro   Completa con el imperativo de los verbos. Usa la forma de **tú.**

1. _____ (tú) la avenida Dos de Mayo. (tomar)

2. _____ derecho cinco cuadros. (seguir)

3. Luego _____ a la derecha en la calle Silva. (doblar)

4. _____ unos cien metros y _____ a la derecha donde queda la iglesia. (seguir, doblar)

5. _____ derecho hasta llegar a la estatua del emperador. (continuar)

6. Al llegar a la estatua _____ a la izquierda en la calle Mayor. (doblar)

7. _____ derecho hasta llegar al centro. (seguir)

15 ¿Cómo debo ir a San Rafael?   Completa con el imperativo de los verbos. Usa la forma de tú.

1. _____ la carretera nacional número dos. (tomar)

2. _____ hasta la autopista. (ir)

3. _____ en la autopista. (entrar)

4. _____ el segundo peaje. (pagar)

5. _____ de la autopista en la salida 97. Es la primera salida después de la garita de peaje. (salir)

6. _____ al final. (ir)

7. Al llegar al semáforo _____ a la izquierda. (doblar)

8. _____ derecho hasta llegar a San Rafael. Es muy fácil y verás muchos rótulos que te indicarán la dirección a San Rafael. (seguir)

16 Direcciones a mi casa   Escríbele a un(a) amigo(a) dándole direcciones a tu casa desde la salida de la carretera más cercana. Usa la forma de **tú.**

_____

_____

_____

_____

17 **Una receta para arroz con habichuelas.**   Completa con el imperativo de los verbos. Usa la forma de **tú.**

1. _____ una lata de habichuelas negras. (abrir)

2. _____ las habichuelas en una cacerola. (poner)

3. _____ una cucharadita de vinagre en la cacerola. (echar)

4. _____ las habichuelas a fuego lento. (cocinar)

5. Aparte, _____ una cacerola de agua. (llenar)

6. _____ el agua. (hervir)

7. _____ una taza de arroz en el agua hirviente. (poner)

8. _____ el agua a la ebullición una vez más. (llevar)

9. _____ sal y pimienta a tu gusto. (añadir)

10. _____ el fuego. (bajar)

11. _____ el arroz a fuego lento hasta que esté listo. (cocinar)

12. _____ el arroz con las habichuelas. (servir)

13. _____ o _____ en pedazos una cebolla.
    (tajar, cortar)

14. _____ las cebollas tajadas encima del arroz y habichuelas.
    (poner)

18 **¿Qué debo hacer?**   Completa con el imperativo de los verbos. Usa la forma de **tú.**

1. _____ la verdad. (decir)

   No _____ mentiras. (decir)

2. _____ bueno(a). (ser)

   No _____ malo(a). (ser)

3. _____ ahora. (salir)

   No _____ . (esperar)

4. _____ despacio. (ir)

   No _____ rápido. (ir)

5. _____ cuidado. (tener)

   No _____ apresurado(a). (estar)

6. _____ legumbres. (comer)

   No _____ dulces. (comer)

Capítulo 5
Lección 2: Conversación

Vocabulario para la conversación

 ¿Qué es? Identifica.

1. _____

2. _____

3. _____

4. _____

5. _____

¿Cuál es la palabra? Completa.

1. Para conducir legalmente es necesario tener _____.

2. Los pasajeros en el carro tienen que _____ el cinturón de seguridad.

3. Al llegar a un _____ es necesario parar cuando hay una luz roja.

4. Si uno alquila (renta, arrienda) un carro es aconsejable tomar o comprar el

   _____ contra todo _____.

5. Es necesario _____ el contrato para que sea válido.

6. El contrato debe explicar todos los _____; es decir todo lo que tiene que pagar el cliente.

¡Buen viaje! Level 3 Capítulo 5 ∾ **77**

Conversación

En la agencia de alquiler de carros

3   **En la agencia**   Escribe un resumen de lo que hizo el joven en la agencia de alquiler de carros.

_____

_____

_____

_____

Estructura • Repaso

Tiempos progresivos

4   **Preguntas personales**   Contesta.

   1. En este momento, ¿qué estás haciendo?

_____

_____

   2. ¿Y qué están haciendo los otros miembros de tu familia?

_____

_____

   3. Ayer a la misma hora, ¿qué estabas haciendo?

_____

_____

   4. ¿Qué estaba haciendo tu amigo(a)?

_____

_____

5   **Un vuelo**   Escribe cada oración en el presente progresivo.

   1. El agente habla con uno de los pasajeros.

_____

   2. Le dice de qué puerta va a salir su vuelo.

_____

   3. Otro pasajero factura su equipaje.

_____

4. Yo hago cola y espero.

_____

5. El asistente de vuelo lee los reglamentos de seguridad.

_____

6. Un pasajero le pide algo a la asistenta de vuelo.

_____

7. Ella le trae un periódico.

_____

Colocación de los pronombres de complemento

6   **En el teatro**   Contesta con pronombres.

1. ¿Quiere ver la comedia Joaquín?

_____

2. ¿Está diciendo a su amiga que la comedia es interesante?

_____

_____

3. ¿Joaquín va a comprar las entradas?

_____

_____

4. ¿Acaba de comprar las entradas en la taquilla?

_____

_____

5. ¿Está mostrando las entradas a la acomodadora?

_____

_____

6. ¿La acomodadora está llevando a los jóvenes a sus asientos?

_____

_____

7. ¿Los jóvenes pueden oír a los actores desde sus asientos?

_____

_____

7 **En el mostrador del aeropuerto**   Sigue el modelo.

> **Ella está hablando al agente.** →
> **Ella le está hablando.**
> **Ella está hablándole.**

1. El agente está atendiendo a la cliente.

   _____

   _____

2. Ella está hablando al agente.

   _____

   _____

3. Ellos están discutiendo su reservación.

   _____

   _____

4. Ella quiere pagar el boleto ahora.

   _____

   _____

5. Ella quiere reservar asiento en el pasillo.

   _____

   _____

6. El agente puede reservarle el asiento.

   _____

   _____

7. El agente quiere ver su tarjeta de crédito.

   _____

   _____

8. La señora le está dando la tarjeta de crédito.

   _____

   _____

9. El agente acaba de mirar el boleto.

   _____

   _____

10. El agente está indicando la puerta de salida a la señora.

    _____

    _____

Pronombres de complemento con el imperativo

8 **El partido del domingo** Sigue el modelo.

> **Yo voy a organizar el partido.** →
> **¡Qué bien! ¡Organízalo!**

1. Yo voy a llamar a los jugadores.

_____

2. Voy a preparar el campo.

_____

3. Voy a comprar el balón.

_____

4. Voy a arreglar las porterías.

_____

5. Voy a buscar unos árbitros.

_____

6. Voy a limpiar los uniformes.

_____

7. Voy a darle el uniforme a Pablo.

_____

8. Voy a pedirle zapatillas de deporte a don Braulio.

_____

9. Voy a invitar a los maestros.

_____

9 **¡No, nunca!** Contesta según el modelo.

> **¿Debo invitar a Emilio?** →
> **No, no lo invites.**

1. ¿Debo invitar a las chicas?

_____

2. ¿Debo hablarles?

_____

3. ¿Debo decirles la verdad?

_____

4. ¿Debo cambiar la fecha?

_____

5. ¿Debo prepararles la merienda?

_____

6. ¿Debo prestarles los discos?

_____

7. ¿Debo servirles refrescos?

_____

8. ¿Debo preocuparme?

_____

10 **¡No lo haga!** Cambia del negativo en el afirmativo.

1. No se la dé usted.

_____

2. No se lo diga usted.

_____

3. No lo compren ustedes.

_____

4. No me lo repita usted.

_____

5. No nos lo explique usted otra vez.

_____

6. No le escriba usted.

_____

7. No se lo mencionen ustedes.

_____

8. No lo escuche usted.

_____

11 **Dice el director.** Sigue el modelo.

Pienso recomendarlo. →
No estoy de acuerdo. No lo recomiende usted.

1. Pienso repararlas.

   _____

2. Pienso informarles.

   _____

3. Pienso contratarlos.

   _____

4. Pienso decírselo.

   _____

5. Pienso despedirlos.

   _____

6. Pienso cambiarlas.

   _____

7. Pienso telefonearlos.

   _____

8. Pienso preguntárselo.

   _____

12 Hazlo Escribe con el pronombre.

1. Lava la lechuga.

   _____

2. Pica el ajo.

   _____

3. Corta la salchicha en trocitos.

   _____

4. Haz las tortillas.

   _____

5. Fríe las tortillas.

   _____

6. Tapa la sarten.

   _____

7. Rellena los tacos.

   _____

8. Sirve el plato.

   _____

13 No lo hagas Escribe las oraciones de la Actividad 12 en la forma negativa.

1. _____

2. _____

3. _____

4. _____

5. _____

6. _____

7. _____

8. _____

Capítulo 5
Lección 3: Periodismo

Vocabulario para la lectura

Wind surf: agua, aire ¡y diversión!

1 **El cuerpo** Identifica.

1. _____   5. _____

2. _____   6. _____

3. _____   7. _____

4. _____

2 **¿Qué están haciendo?** Parea el dibujo con la frase que lo describe.

a

b

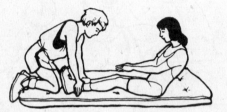

c

d

e

1. _____ Las jóvenes están haciendo sentadillas.

2. _____ Las atletas están haciendo estiramientos.

3. _____ Los jóvenes están dando saltos.

4. _____ Los ligeros están boxeando.

5. _____ Los pesados están boxeando.

Lectura

Wind surf: agua, aire ¡y diversión!

3 **El wind surf** Describe el dibujo.

_____

_____

_____

_____

_____

 El verano Escribe un párrafo sobre las actividades de verano que a ti te gustan.

_____

_____

_____

_____

_____

_____

_____

_____

Vocabulario para la lectura

¿Mis padres no me gustan?

 ¿Cuál es la palabra?   Expresa de otra manera.

1. Los padres y los hijos *charlan (conversan)*.

_____

2. Los niños están *envueltos* en una pelea.

_____

3. Habrán tenido *una discusión*.

_____

4. Le da *una señal* de cariño.

_____

5. ¿Qué *pasa?*

_____

6. *Es bastante.* No quiero más.

_____

7. Han llegado a *una resolución mutua*.

_____

8. ¿Lo podrás *acabar?*

_____

Lectura

¿Mis padres no me gustan?

 ¿Cómo es?   Da una característica importante de cada tipo de padre o madre.

1. controla-todo

_____

_____

2. indiferente

_____

_____

3. censura total

_____

_____

4. perfecto(a)

_____

_____

5. soltero(a)

_____

_____

Estructura • Avanzada

Pluscuamperfecto

7 **¿Qué habías hecho ya?**   Completa con el pluscuamperfecto.

1. Yo ya _____. (levantarme)

2. Yo ya _____. (desayunarme)

3. Yo ya _____. (tomar una ducha)

4. Yo ya _____. (vestirme)

5. Yo ya _____. (leer el periódico)

6. Yo ya _____. (cepillarme los dientes)

7. Yo ya _____. (lavar el carro)

8 **¿Sí o no?**   Contesta.

1. ¿Habías estudiado latín antes de estudiar español?

_____

2. ¿Habías tomado un curso de álgebra antes de tomar un curso de geometría?

_____

3. ¿Habías hecho un viaje en carro antes de hacer un viaje en avión?

_____

4. ¿Habías estado en Chicago antes de ir a Los Ángeles?

_____

5. ¿Habías nadado en una piscina antes de nadar en el mar?

_____

Condicional perfecto

9 **¿Qué habrías hecho tú?** Escribe cinco cosas que tú habrías hecho pero que no hiciste porque tus padres no te permitieron o no te habrían permitido.

1. _____
2. _____
3. _____
4. _____
5. _____

10 **¿Qué habrían hecho ellos?** Completa en el condicional perfecto.

1. Yo _____ pero no lo hice porque empezó a llover.

2. Mis amigos _____ a España pero no fueron porque no tenían suficiente dinero.

3. Yo sé que tú _____ pero no lo hiciste porque tenías miedo.

4. Nosotros _____ pero no pudimos porque no nos quedó suficiente tiempo.

5. Yo _____ pero no lo hice porque yo sé que mis

   padres _____ furiosos.

Futuro perfecto

11 **¿Qué habrás hecho tú?** Escribe cinco cosas que tú habrás hecho antes del fin de este año.

1. _____
2. _____
3. _____
4. _____
5. _____

12 **Yo habré...** Escribe cinco cosas que tú habrás hecho antes de cumplir los veinticinco años.

1. _____
2. _____
3. _____
4. _____
5. _____

Un poco más

13 **La historia de la conquista de México**   Lee lo siguiente.

En el año 1511 Diego Colón, el hijo del famoso Cristóbal Colón, decidió conquistar a Cuba. Diego Colón nombró a Diego Velázquez jefe de la expedición. Un cierto Hernán Cortés acompañó a Velázquez en la expedición a Cuba como secretario. Después de la conquista de Cuba, Velázquez nombró a Cortés alcalde de Santiago de Cuba. Siete años más tarde, en 1518, Velázquez nombró a Cortés capitán de una expedición para conquistar México. Pronto empezaron a surgir muchos problemas y muchas intrigas entre estos dos señores.

Aun antes de la salida de Cortés de Cuba, Velázquez había oído rumores que Cortés no le iba a ser fiel. Así Velázquez trató de parar la expedición de Cortés pero no pudo. Como Velázquez estaba en la Habana y Cortés estaba en Santiago, Cortés ya había salido antes de la llegada de Velázquez a Santiago. Cortés salió de Cuba en febrero de 1519 con sólo once barcos y unos quinientos hombres.

El Viernes Santo de 1519 Cortés y sus hombres llegaron a la costa de México. Cortés nombró al pueblo Veracruz. Cortés era un hombre valiente y no había duda que él quería emprender la conquista de México por su cuenta. Él oyó que algunos de sus hombres querían volver a Cuba. Él sospechaba que estaban con Velázquez y no con él. Así, al llegar a México, Cortés decidió quemar los barcos y así hizo. Quemó todos los barcos para hacer imposible el regreso de sus hombres a Cuba. Luego empezó la marcha hacia el interior del país.

Durante esta marcha pasaron por muchos pueblos indios. En aquel entonces el emperador de los aztecas era Moctezuma. Su capital era Tenochtitlán, hoy la Ciudad de México. Muchos de los indios fuera de la capital eran enemigos de Moctezuma y ellos se unieron a Cortés y le dieron ayuda. Así Cortés pudo marchar a la capital sin mucha dificultad.

Cuando Cortés llegó a la capital, Moctezuma en persona salió a recibirlo. ¿Por qué había decidido recibir a un enemigo? Pues, Moctezuma había oído que venía un hombre blanco. Él creía que este hombre extraño tenía que ser Quetzalcóatl. Entre los indios había una leyenda que decía que el dios Quetzalcóatl había salido de Tenochtitlán con algunos hombres hacia el golfo de México. Según la leyenda, Quetzalcóatl había dicho a los indios que iba a regresar a Tenochtitlán en el año de "acatl". En el calendario azteca el año "acatl" era el año 1519, el año en que Cortés llegó a México. Para no ofender al "dios", Moctezuma le dio regalos a Cortés y lo alojó en un gran palacio en la magnífica capital azteca de Tenochtitlán.

Poco después de entrar en Tenochtitlán, Cortés recibió noticias de que Velázquez había mandado una expedición dirigida por Pánfilo de Narváez para hacerle prisionero a Cortés. Cortés fue a Veracruz y allí encontró y derrotó a Narváez y sus tropas.

Durante su ausencia de Tenochtitlán Cortés había puesto a cargo a Pedro de Alvarado. Los indios de Tenochtitlán no podían aceptar las crueldades de los españoles, sobre todo las de Alvarado. Tampoco podían aceptar lo que ellos consideraban la cobardía de su monarca. Las relaciones entre los españoles y los indios eran malísimas. A su regreso Cortés persuadió a Moctezuma a hablar con sus capitanes para calmarlos. Moctezuma trató de hablarles desde la azotea de su palacio pero sus hombres le dieron una pedrada tan grande en la cabeza que a los tres días él murió. Después de su muerte los indios atacaron a los invasores. La noche del 30 de junio de 1520 murieron más de cuatrocientos españoles. Cortés y los pocos hombres que quedaron tuvieron que huir de Tenochtitlán. Se llama la «Noche triste». Se dice que aquella noche Cortés se sentó debajo de un árbol en las afueras de Tenochtitlán y lloró la pérdida de la ciudad.

¿Terminó así la conquista de México por los españoles? No, Cortés esperó refuerzos y el 21 de mayo de 1521 él comenzó de nuevo el sitio de Tenochtitlán. Fue una batalla horrible. Murieron más de ciento cincuenta mil indígenas, y el emperador Cuauhtémoc fue bárbaramente torturado por no revelar dónde tenía escondidos sus tesoros. Él prefirió morir a ser traidor. Hoy Cuauhtémoc es un gran héroe del pueblo mexicano.

Figuras históricas   Parea.

1. _____ Diego Colón

2. _____ Diego Velázquez

3. _____ Hernán Cortés

4. _____ Moctezuma

5. _____ Pánfilo de Narváez

6. _____ Quetzalcóatl

7. _____ Pedro de Alvarado

8. _____ Cuauhtémoc

a. emperador de los aztecas cuando los invasores españoles llegaron por primera vez a la capital azteca

b. señor enviado a México por Velázquez para hacer prisionero a Cortés

c. el hijo de Cristóbal Colón que decidió conquistar a Cuba

d. dios blanco de los aztecas que, según una leyenda, iba a regresar a la capital

e. emperador de los aztecas que fue torturado por los españoles; hoy un gran héroe del pueblo mexicano

f. señor que fue nombrado jefe de la expedición a Cuba por Diego Colón

g. señor puesto a cargo de Tenochtitlán por Cortés mientras Cortés iba a luchar contra las tropas de Narváez

h. señor que acompañó a Velázquez como secretario en la expedición a Cuba; fue nombrado alcalde de Santiago y más tarde decidió conquistar México

15 **Lugares**   Parea.

1. _____ España

2. _____ Cuba

3. _____ Santiago

4. _____ la Habana

5. _____ Veracruz

6. _____ Tenochtitlán

a. isla del Caribe conquistada por los hombres de Velázquez

b. capital y ciudad más importante de Cuba

c. gran capital de los aztecas; hoy la Ciudad de México

d. ciudad de Cuba que una vez tuvo como alcalde Hernán Cortés

e. puerto adonde llegaron Cortés y sus hombres en la costa de México

f. país europeo de donde salieron muchos descubridores y conquistadores de las Américas

16 **Fechas**   Parea.

1. _____ 1511

2. _____ 1519

3. _____ 1520

4. _____ 1521

a. año en que Cortés salió de Cuba para conquistar México

b. año en que Cortés conquistó México; perdieron la vida miles y miles de indígenas y fue bárbaramente torturado el emperador

c. año en el que perdieron la vida muchos españoles cuando los indígenas les hicieron huir de Tenochtitlán

d. año en que Diego Colón decidió conquistar Cuba

e. año en que Cortés llegó a Veracruz, quemó sus barcos y se marchó al interior

17 **En orden cronológico**   Pon los siguientes sucesos en orden cronológico.

1. _____ Diego Colón decidió conquistar a Cuba.

2. _____ Cortés quemó sus barcos en el puerto de Veracruz.

3. _____ Cortés salió de España como secretario de Velázquez en la expedición a Cuba.

4. _____ Cortes salió de Santiago para ir a conquistar a México.

5. _____ Diego Colón nombró a Diego Velázquez jefe de la expedición a Cuba.

6. _____ Velázquez nombró a Cortés alcalde de Santiago.

7. _____ Cortés y sus hombres marcharon a Tenochtitlán para tomar la capital de los aztecas.

8. _____ Cortés y sus hombres llegaron a un puerto en la costa de México que él nombró Veracruz.

Capítulo 6
Lección 1: Cultura

Vocabulario para la lectura

1 **¿Cómo se puede decir?** Expresa de otra manera.

1. Hubo *una tempestad horrible.*

_____

2. Por poco se hunde *el barco.*

_____

3. *El jefe* no se sometió nunca.

_____

4. *Él empezó* el viaje en el mes de septiembre.

_____

5. Los barcos *contenían cantidades* de oro y plata.

_____

6. Las tropas querían *descansar.*

_____

7. La batalla tuvo lugar en una región muy *alejada.*

_____

2 **¿Cuál es la palabra?** Completa.

1. El jefe nunca se sometería y nunca llevaría _____.

2. Ellos se dedican al _____ de la caña de

_____.

3. _____ y _____ son dos frutas tropicales.

4. Cortés fue el responsable de la _____ de Tenochtitlán.

5. Todos los _____ del país tienen el derecho al voto.

Lectura

3 **El Caribe, su geografía**   Corrige las oraciones falsas.

1. El Caribe es un océano.

   _____

2. Cuba, Puerto Rico, La Española y Jamaica forman las Pequeñas Antillas.

   _____

   _____

3. Jamaica es un país de habla española.

   _____

4. Puerto Rico es la más grande de las Antillas.

   _____

5. Cuba y la República Dominicana forman La Española.

   _____

6. Las Grandes Antillas son mayormente llanas.

   _____

7. En las Antillas hay cuatro estaciones.

   _____

4 **La Española**   Completa.

1. _____ ocupa la parte occidental de La Española.

2. En Haití se habla _____.

3. _____ dio el nombre de La Española a la isla.

4. _____ eran los indígenas que poblaban las Antillas.

5. Ellos _____ contra los españoles antes de someterse.

6. Con la gran disminución de la población indígena los españoles buscaron mano de obra

   en _____ para trabajar en las plantaciones de caña de azúcar.

7. La República Dominicana se independizó en _____.

5 **Datos interesantes**   Escribe todo lo que sepas sobre Puerto Rico.

   _____

   _____

   _____

   _____

     WORKBOOK

6 **Historia** Identifica.

1. la Perla de las Antillas

_____

_____

2. José Martí y Antonio Maceo

_____

_____

3. Fidel Castro

_____

_____

7 **Por el Caribe** Contesta.

1. ¿Qué quieres visitar si vas a...

a. Cuba?

_____

_____

b. Puerto Rico?

_____

_____

c. la República Dominicana?

_____

_____

8 **Comida sabrosa** Describe a lo menos un plato típico caribeño.

_____

_____

_____

_____

Estructura • Repaso

Verbos reflexivos

 ¿Qué pasa?   Describe lo que está pasando en cada dibujo.

1. Aurora _____

_____

_____

2. Iván _____

_____

_____

3. Yo _____

_____

_____

4. Los muchachos _____

_____

_____

5. Nosotros _____

_____

_____

6. Tú _____

_____

_____

10 **¿Qué haces tú?** Completa con un verbo reflexivo.

1. Antes de comer yo _____ .

2. Después de comer yo _____ .

3. Antes de acostarme yo _____ .

4. Después de acostarme yo _____ .

5. Antes de levantarme yo _____ .

6. Después de levantarme yo _____

_____ .

7. Antes de salir para la escuela yo _____ .

11 **¿Y los demás?** Completa con el mismo verbo.

1. Yo me duermo en seguida pero él no _____ enseguida.

2. Ellos se sienten bien pero yo no _____ bien.

3. Nosotros nos vestimos elegantemente pero ellos nunca _____
elegantemente.

4. Él se despierta a las siete pero yo _____ a las seis y media.

5. Nosotros nos divertimos siempre pero ustedes no _____ casi nunca.

6. Ellos siempre se sientan en la terraza pero nosotros _____ en el
patio.

12 **El bebé** Completa con el pronombre reflexivo cuando sea necesario.

1. ¿A qué hora _____ acuestas al bebé?

2. Lo _____ acuesto a las ocho.

3. Y el ángel _____ duerme en seguida.

4. ¿Y a qué hora _____ despiertas al bebé?

5. Me haces reír. No lo _____ despierto nunca.

6. Él _____ despierta a sí mismo.

7. Es una criatura adorable. Él _____ divierte mucho.

Verbos recíprocos

13 **Una descripción** Escribe una frase para describir cada dibujo. Usa se en cada frase.

1. Ellas _____

_____

_____

2. Los dos _____

_____

_____

3. Iván y María _____

_____

_____

WORKBOOK

Capítulo 6
Lección 2: Conversación

Vocabulario para la conversación

1 **¿Cuál es la palabra?**   Expresa de otra manera.

1. Ellos sirven la carne *muy bien hecha.*

_____

2. ¡Qué comida más *deliciosa*!

_____

3. Él es muy *inteligente.*

_____

4. Y *para peor,* él lo sabe.

_____

5. ¡Este tren va tan *despacio*!

_____

6. Voy a hablar con los *patrones.*

_____

7. El arroz *va con* las habichuelas.

_____

8. ¡A mí me gustan mucho los *biftecs*!

_____

Conversación

2 **Comida sabrosa**   Describe la experiencia de Elena en un restaurante.

_____

_____

_____

_____

Estructura • Repaso

Comparativo y superlativo—formas regulares, formas irregulares

3   **En la clase de español**   Contesta de acuerdo a lo que pasa en tu clase.

1. ¿Quién recibe las notas más altas de la clase?
   _____

2. ¿Quién tiene el pelo más rubio?
   _____

3. ¿Quién es el/la más alto(a)?
   _____

4. ¿Quién tiene los ojos más azules?
   _____

5. ¿Quién tiene los ojos más castaños?
   _____

6. ¿Quién recibe notas más altas que tú?
   _____

7. ¿Quién es más alto(a) que tú?
   _____

8. ¿Quién es mayor que tú?
   _____

9. ¿Quién es menor que tú?
   _____

10. ¿Quién canta mejor que tú?
    _____

11. ¿Quién canta peor que tú?
    _____

12. ¿Quién habla más que el/la profesor(a)?
    _____

4   **Sanlúcar y San Bernardo**   Forma una sola oración usando el comparativo.

1. Sanlúcar de la Frontera tiene 2.000 habitantes. San Bernardo tiene 2.000 habitantes.
   _____

2. Sanlúcar es pequeño. San Bernardo es pequeño.
   _____

3. La plaza de Sanlúcar es bonita. La plaza de San Bernardo es bonita.
   _____

4. Hay muchas fuentes en Sanlúcar. Hay muchas fuentes en San Bernardo.
   _____

5. Sanlúcar está lejos de la capital. San Bernardo está a igual distancia de la capital.
   _____

6. El pueblo de Sanlúcar es pintoresco. El pueblo de San Bernardo es pintoresco.
   _____

Capítulo 6

Lección 3: Periodismo

Vocabulario para la lectura

Dos nadadoras isleñas avanzan
Con la mira en pasar a Atenas

1 **El torneo** Escribe una oración original con cada una de las siguientes palabras.

1. zurdo

_____

2. ubicarse

_____

3. realizar

_____

4. encabezar

_____

5. el torneo de nado (natación)

_____

Lectura

Educación llega a a la cárcel

2 **Programas educativos** Contesta usando el vocabulario de la lectura.

1. ¿Quiénes son los reclusos?

_____

2. ¿Qué es un analfabeto?

_____

3. ¿Cuál es una cosa imprescindible en la vida?

_____

4. ¿Hay personas en tu comunidad que viven en la marginalidad? ¿Quiénes?

_____

5. ¿Eres proclive a la expresión artística? ¿A cuál?

_____

3 **Tu opinión** ¿Qué opinas sobre los programas educativos en las cárceles y prisiones?

_____

_____

_____

_____

Estructura • Avanzada

Subjuntivo con aunque

4 **Aunque haga mal tiempo**   Completa.

1. Él lo hará aunque _____ que no lo debe hacer y no hay duda que él sabe que es muy peligroso. (saber)

2. Ellos me lo dirán aunque _____ que yo no lo quiero saber pero francamente no sé si se dan cuenta de lo que pienso. (pensar)

3. Está lloviendo pero no me importa. Tengo tantas ganas de salir que voy a salir aunque
_____ . (llover)

4. No sabemos si habrá una tormenta pero no importa, ellos irán aunque
_____ una tormenta. (haber)

5. Ella asistirá aunque no _____ los otros y ella no sabe si vendrán o no. (asistir)

Subjuntivo con quizás, tal vez y ojalá

5 **¿Nos acompañarán?**   Contesta según el modelo.

¿Nos acompañarán los chicos? →
No sé. Quizás nos acompañen.

1. ¿Iremos en autobús?

_____

2. ¿Nos darán de comer?

_____

3. ¿Serán baratas las entradas?

_____

4. ¿Estaremos allí toda la tarde?

_____

5. ¿Veremos cosas interesantes?

_____

6. ¿Don Felipe explicará los detalles?

_____

7. ¿Va a hacer mucho calor?

_____

8. ¿Volveremos temprano?

_____

9. ¿Será interesante la visita?

_____

Presente perfecto y pluscuamperfecto del subjuntivo

6 **Me alegro de que...**   Completa con el presente perfecto del subjuntivo.

1. Me alegro de que ellos _____ esta mañana.
   (llegar)

2. Me alegro de que ellos _____ en avión. (venir)

3. Me alegro de que ellos _____ un buen viaje.
   (tener)

4. Me alegro de que ellos _____ quedarse conmigo.
   (decidir)

7 **Espero que...**   Completa con el presente perfecto del subjuntivo.

1. Espero que él _____. (salir)

2. Espero que él _____ un taxi sin problemas.
   (encontrar)

3. Espero que él _____ mucho tráfico en la carretera.
   (no encontrar)

4. Espero que él _____ a tiempo al aeropuerto.
   (llegar)

5. Espero que él _____ ningún problema.
   (no encontrar)

8 **No lo creo.**   Completa con un tiempo compuesto del subjuntivo.

1. Yo no creo que él _____ tal cosa. (hacer)

2. Yo no creía que él _____ tal cosa. (hacer)

3. Ellos no creen que nosotros lo _____. (ver)

4. Ellos no creían que nosotros lo _____. (ver)

5. ¿Es posible que ellos _____? (perderse)

6. ¿Fue posible que ellos _____? (perderse)

Cláusulas con si

9 **Si pudiera** Completa con una expresión apropiada.

1. a. Yo recibiré una A en español si _____
   _____

   b. Yo recibiría una A en español si _____
   _____

   c. Yo habría recibido una A en español si _____
   _____

2. a. Yo haré el viaje si _____
   _____

   b. Yo haría el viaje si _____
   _____

   c. Yo habría hecho el viaje si _____
   _____

3. a. Yo saldré con él/ella si _____
   _____

   b. Yo saldría con él/ella si _____
   _____

   c. Yo habría salido con él/ella si _____
   _____

Capítulo 7
Lección 1: Cultura

Vocabulario para la lectura

1 **¿Cuál es la palabra?** Completa.

1. donde el río entra en el mar _____

2. una caleta _____

3. una cascada de agua _____

4. el declive de una montaña _____

5. del río _____

6. concluir, llevar a una conclusión _____

7. hacerse rico _____

8. el dinero que uno le debe a otro _____

9. muy denso _____

2 **Una oración** Escribe una oración original usando cada palabra.

1. la sequía

_____

2. oprimir

_____

3. surgir

_____

4. cálido

_____

5. imperante

_____

Lectura

3   **Geografía**   Identifica.

1. el tamaño de Venezuela

   _____

2. el mar que baña la costa venezolana

   _____

3. lo que divide a Venezuela en dos partes iguales

   _____

4. el lago Maracaibo

   _____

4   **La geografía venezolana**   Describe la geografía de Venezuela al norte del Orinoco y al sur del Orinoco.

_____

_____

_____

_____

5   **La geografía colombiana**   Contesta.

1. ¿En cuántas regiones geográficas se puede dividir Colombia? ¿Cuáles son?

   _____

   _____

2. ¿Qué es Barranquilla y dónde está?

   _____

   _____

3. ¿Cómo es el río Magdalena?

   _____

   _____

4. ¿Qué es Bogotá?

   _____

5. ¿Cómo es Medellín?

   _____

   _____

6   **La influencia alemana**   Contesta.

¿Cómo es que varios alemanes jugaban un papel importante en la exploración de Venezuela y Colombia?

_____

_____

_____

_____

7   **Bolívar**   Escribe una sinopsis breve de la vida de Simón Bolívar.

_____

_____

_____

_____

_____

_____

8   **Visitas y comidas**   Contesta personalmente.

1. Si vas a Colombia o Venezuela, ¿qué quieres ver?

_____

_____

2. Si vas a Venezuela o Colombia, ¿qué quieres comer?

_____

_____

Estructura • Repaso

Adjetivos apocopados

9   **Un angelillo**   Completa la conversación.

—Carlitos es un _____ niño. (bueno)
                            1

—Es verdad. Es adorable. ¿En qué grado está ahora?

—Está en el _____ grado. (primero)
                      2

—No me lo digas. Parece que entró ayer en el kinder.

—_____ día va a ser un _____ hombre.
            3   4
(alguno, grande)

—Será el más importante de toda la ciudad de _____ Domingo.
                                                     5
(Santo)

10 **Algunos hechos**   Contesta personalmente con oraciones completas.

1. ¿Cuáles son algunos animales?

_____

2. ¿Cuáles son algunos animales salvajes?

_____

3. ¿Cuáles son algunas ciencias?

_____

4. ¿Cuáles son algunos idiomas?

_____

5. Por lo general, ¿qué les gusta a los niños?

_____

6. ¿Cuál es tu estación favorita del año?

_____

7. ¿Cuál es tu deporte favorito?

_____

Artículo definido

11 **¿Está el doctor?**   Completa con el artículo cuando sea necesario.

—Buenos días, _____ señorita Gómez.
                          1
—Buenos días, _____ señor Guillén. ¿Cómo está usted?
                          2
—Muy bien. ¿Está _____ doctor Jiménez hoy?
                          3
—Lo siento mucho. En este momento _____ doctor Jiménez no está.
                                                    4
Hubo una emergencia en el hospital.

—¿Sabe usted a qué hora va a volver?

(Suena el teléfono.)

—Perdón, un momentito, _____ señor Guillén.
                                      5
(Contesta el teléfono.)

—¡Aló! Ah, _____ doctor Jiménez. En este momento está
                      6
_____ señor Guillén en la consulta. Quiere saber a qué hora usted
              7
volverá al consultorio. Ah, bien. Se lo diré.

(_____ *señorita Gómez cuelga el teléfono.*)
              8
—¡Desgraciadamente _____ doctor Jiménez no volverá esta tarde!
                                      9
Tiene que operarle a un paciente. ¿Puede usted volver mañana por la mañana a las diez,

_____ señor Guillén?
              10
—De acuerdo, _____ señorita. Estaré aquí mañana a las diez.
                          11

12 **¿Dónde está el doctor Jiménez?**   Contesta según la conversación.

1. ¿Dónde está el señor Guillén?

_____

2. ¿Con quién habla él?

_____

3. ¿Con quién quiere hablar?

_____

4. ¿Está o no está el doctor Jiménez?

_____

5. ¿Quién contesta el teléfono?

_____

6. ¿Quién llama?

_____

7. ¿Por qué no volverá al consultorio el doctor Jiménez?

_____

8. ¿Para cuándo tiene cita con el doctor Jiménez el señor Guillén?

_____

_____

13 **En otras palabras**   Lee la conversación en la Actividad 11. Luego escribe todo lo que pasó en el consultorio.

_____

_____

_____

_____

_____

_____

Artículo con los días de la semana

14 **¿Qué día?**   Completa con el artículo cuando sea necesario.

1. _____ lunes es el primer día de la semana.

2. Mi hermano sale para Madrid _____ lunes.

3. Tenemos clases _____ lunes.

4. _____ lunes y _____ martes son días laborables.

5. _____ sábado y _____ domingo son días feriados.

Artículo indefinido

15 **¿Cuál es su profesión?**   Contesta según se indica.

1. ¿Qué es el doctor Suárez? (profesor)

   _____

2. ¿Qué tipo de profesor es? (fantástico)

   _____

3. ¿Qué es la doctora Casals? (cirujana)

   _____

4. ¿Qué tipo de cirujana es? (ortopédica muy buena)

   _____

Capítulo 7
Lección 2: Conversación

Vocabulario para la conversación

1 **¿Qué es?** Identifica.

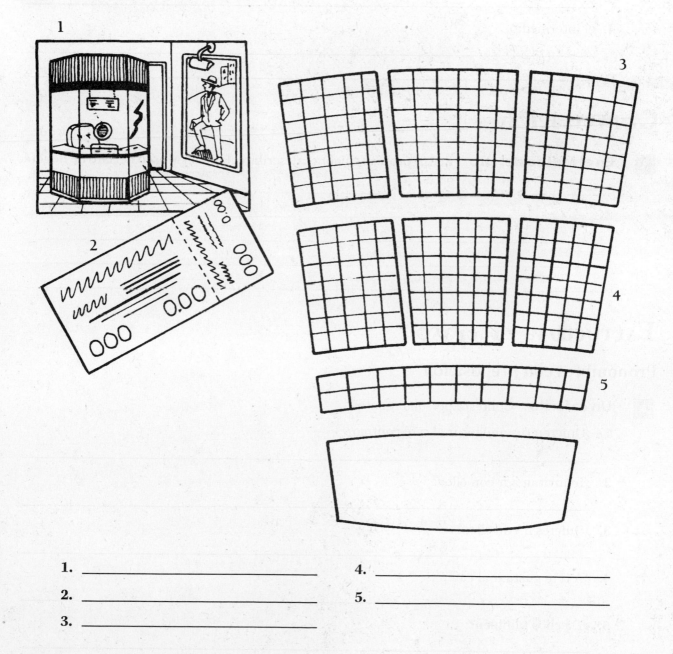

1. _____   4. _____

2. _____   5. _____

3. _____

2 **Una oración** Escribe una oración original usando cada palabra.

1. el elenco

_____

_____

2. el escenario

_____

_____

3. el vestuario

_____

_____

4. el intermedio

_____

_____

Conversación

3 **En el Museo del Oro** En tus propias palabras, describe el famoso Museo del Oro de Bogotá.

_____

_____

_____

_____

_____

Estructura • Repaso

Pronombres con preposición

4 **Un cafecito** Contesta personalmente.

1. ¿Quieren tus amigos ir al café contigo?

_____

2. ¿Te invitan a ir con ellos?

_____

3. ¿Quieres ir con ellos?

_____

4. ¿A ti te gusta ir al café?

_____

5. ¿Y a ellos también?

_____

5 **¿Quién?** Escribe con pronombres.

1. Yo trabajo para *los hermanos Garza*.

   _____

2. Yo trabajo con *la hija mayor de Antonio Garza*.

   _____

3. Yo voy al trabajo con *su hija*.

   _____

6 **¿Quieres... ?** Forma una pregunta y contéstala según el modelo.

   bailar →
   ¿Quieres bailar conmigo?
   Sí, me gustaría bailar contigo.

1. estudiar

   _____

   _____

2. ir al cine

   _____

   _____

3. jugar al fútbol

   _____

   _____

Capítulo 7
Lección 3: Periodismo

Vocabulario para la lectura

Maestros de éste y de otros mundos

1 **¿Qué es?** Identifica.

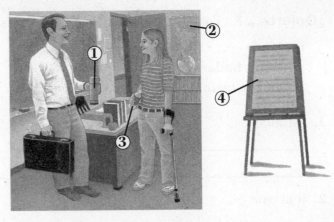

1. _____

2. _____

3. _____

4. _____

2 **¿Qué palabra necesito?** Contesta.

1. ¿Cuáles son algunas características de una persona despistada?

_____

2. ¿A quién agradeces?

_____

3. ¿Qué hay que hacer para lograr tus metas o goles?

_____

4. ¿Qué significa estudiar detenidamente?

_____

Lectura

Maestros de éste y de otros mundos

3 **Maestros** Describe el tipo de maestro(a) o profesor(a) que prefieres.

_____

_____

_____

_____

Vocabulario para la lectura

La gasolina

4 **Una frase** Escribe una oración original usando cada palabra.

1. el combustible

_____

2. un envase

_____

3. la manguera

_____

4. el riesgo

_____

5. la secuela

_____

Lectura

La gasolina

5 **La gasolina** Según este artículo, ¿por qué puede ser peligrosa la gasolina? Da una respuesta completa.

_____

_____

_____

_____

Estructura • Avanzada

Por y para

6 **Por** y **para** Completa con **por** o **para.**

1. Ellos salen hoy _____ Medellín.

2. Yo no pude ir, así que Carlota fue _____ mí.

3. Ellos querían dar un paseo _____ el Retiro.

4. Yo compré los regalos _____ Luisa pero son

_____ Teresa.

5. Los niños corrieron _____ todas partes.

6. Estoy aquí _____ estudiar, no _____ divertirme.

7. _____ cubano, habla muy bien el inglés.

8. ¿Me puede decir cuándo sale el tren _____ Córdoba?

9. Si él no lo puede hacer, ¿lo puedes hacer _____ él?

10. Ellos estuvieron en las montañas _____ dos semanas, o sea, quince días.

11. _____ inglés, Keith habla muy bien el español.

12. Él me dio un euro _____ un dólar.

13. _____ despacio que hable es imposible entenderlo.

14. _____ un joven, viaja mucho.

15. Esta bolsa es _____ mi madre.

16. No tengo mucha confianza en el correo ordinario. ¿Por qué no lo mandamos _____ correo aéreo?

17. El héroe luchó y murió _____ su patria.

18. Ellos tienen que terminar el trabajo _____ la semana que viene.

19. Ellos estarán aquí _____ Navidad o Año Nuevo.

20. _____ el día veinte y cinco tienen que estar en Almería.

7 **¿Por o para?** Escribe de nuevo con **por** o **para.**

1. Papá no podía asistir, así que yo fui *en lugar de él.*

   _____

2. Los chicos están corriendo *en* la calle.

   _____

3. Voy a la tienda *en busca* de frutas y legumbres.

   _____

4. Mis padres lo pagaron *en vez de* mí.

   _____

5. Subimos al tren *con destino a* Balboa.

   _____

6. *A pesar de que es* rico, no es generoso.

   _____

7. La ciudad fue destruida *a causa de* la guerra.

   _____

8. Me gusta mucho viajar *en* Perú. Es un país muy interesante.

   _____

Capítulo 8
Lección 1: Cultura

Vocabulario para la lectura

1 Direcciones   Escribe todas las direcciones cardinales.

_____
_____
_____
_____

2 ¿Quién o qué?   Contesta.

1. Son descendientes de judíos expulsados de España. ¿Quiénes son?

_____
_____

2. Lo hizo en secreto. ¿Cómo lo hizo?

_____
_____

3. Son del norte de México. ¿Quiénes son?

_____
_____

4. Necesitan más trabajadores. ¿Qué necesitan?

_____
_____

5. Suspendieron el trabajo. ¿Qué hubo?

_____
_____

6. El pueblo está en la frontera. ¿Qué tipo de pueblo es?

_____
_____

3 **Una oración** Escribe una oración original usando cada palabra.

1. fundar

_____

2. radicarse

_____

3. superar

_____

4. el rito

_____

Lectura

4 **Datos** Identifica.

1. año en que llegaron los primeros hispanohablantes a lo que hoy es Estados Unidos

_____

2. algunas de las primeras comunidades fundadas por los españoles

_____

5 **Historia** Contesta.

1. ¿Cómo recibieron su nombre los sefardíes?

_____

_____

2. ¿Qué hacen muchas familias de Nuevo México que indica que es posible que sean descendientes de judíos aunque no lo sepan?

_____

_____

_____

_____

3. ¿Cuál es una teoría sobre la historia de estas personas?

_____

_____

_____

_____

6 **Comunidades** Describe.

1. los españoles en Estados Unidos

_____

_____

2. los mexicanos en Estados Unidos

_____

_____

3. los puertorriqueños en Estados Unidos

_____

_____

4. los cubanos en Estados Unidos

_____

_____

5. los centroamericanos en Estados Unidos

_____

_____

6. los sudamericanos en Estados Unidos

_____

_____

Estructura • Repaso

Adverbios en -mente

7 **Adverbios** Da la forma adverbial.

1. genuino _____

2. genial _____

3. sencillo _____

4. aproximado _____

5. mayor _____

6. casual _____

7. solemne _____

8. particular _____

Capítulo 8
Lección 2: Conversación

Vocabulario para la conversación

1 **Definiciones** Da la palabra.

1. lo que se usa para recibir muchos canales o cadenas de televisión

_____

2. el que presenta las noticias en la televisión _____

3. el que mira o ve la televisión _____

4. la que presenta el pronóstico del tiempo _____

5. lo que hay que usar para dar una entrevista en la calle _____

6. noticias sobre eventos dentro de Estados Unidos _____

7. una persona cómica que les hacer reír a todos _____

Conversación

2 **El noticiero** Describe el sueño de Laura.

_____
_____
_____
_____
_____
_____
_____
_____

Estructura • Repaso

Verbos que terminan en -uir

3 **Él** Escribe las oraciones en el pretérito cambiando **nosotros** en **él.**

1. Contribuimos mucho dinero.

   _____

2. No destruimos nada.

   _____

3. Distribuimos las mercancías.

   _____

4. Incluimos los impuestos en el precio.

   _____

4 **Yo** Escribe las oraciones en el pretérito cambiando **nosotros** en **yo.**

1. Contribuimos mucho dinero.

   _____

2. No destruimos nada.

   _____

3. Distribuimos las mercancías.

   _____

4. Incluimos los impuestos en el precio.

   _____

5 **Una «i griega» importante** Completa.

1. Yo me caí y él _____ también.
2. Ellos lo leyeron y yo lo _____ también.
3. Ustedes lo destruyeron y nosotros lo _____ también.
4. Él lo oyó y yo lo _____ también.

Capítulo 8
Lección 3: Periodismo

Vocabulario para la lectura

Confirmado: un millón de hispanos

1 **¿Cuál es la palabra?** Completa.

1. Yo no sé la _____ exacta de gente latina en Estados Unidos pero sé que está en aumento.

2. Las monedas extranjeras son (las) _____.

3. Les tienen que _____ porque les puede causar un problema.

4. Es necesario _____ a todos sin excluir a nadie.

5. Cada grupo _____ sus tradiciones y costumbres culturales a su nuevo país.

6. Muchos inmigrantes mandan _____ a sus parientes que se han quedado en casa para ayudarlos económicamente.

Lectura

Confirmado: un millón de hispanos

2 **Población latina** Explica como está cambiando el papel de la población latina en el estado de Nueva Jersey.

_____

_____

_____

_____

_____

Vocabulario para la lectura

Inesperada tormenta en Lancaster

3   **¿Qué es?**   Identifica.

1. _____

2. _____

3. _____

4. _____

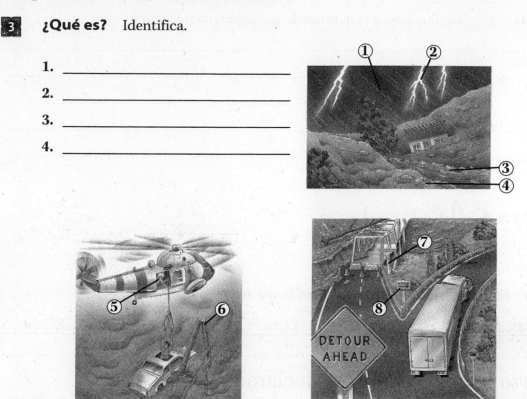

5. _____   7. _____

6. _____   8. _____

4   **¿Cuál es la palabra?**   Completa.

1. La víctima fue _____ por un socorrista.

2. Había tanta lluvia que resultó en una _____.

3. Tienen que tomar un _____ porque la carretera está cortada (cerrada).

4. Creo que se van a _____ allí por mucho tiempo.

5. No podrán _____ el viaje hasta que pase la tormenta.

Lectura

Inesperada tormenta en Lancaster

5   **Tormentas**   Escribe una descripción breve de la inesperada tormenta.

_____

_____

_____

_____

Estructura • Avanzada

Voz pasiva

6   **Titulares**   Escribe los siguientes titulares en la voz activa.

1. Tropas enviadas a Bolivia

_____

2. Guerra contra las drogas declarada por EE.UU

_____

3. **Niño de cinco años atropellado por automóvil**

_____

4. *Diez monjas carmelitas liberadas ayer por secuestradores en Filipinas*

_____

5. Nueva ley de inmigrantes aprobada en Francia

_____

6. *Uruguayo entregado por extradición a Dinamarca por un robo*

_____

7. *Camión arrollado por un tren—120 heridos*

_____

Capítulo 1

Lección 1: Cultura

Actividad 1   Escucha y repite.

Actividad 2   Pareo

_____ parecerse   _____ la joya

_____ la guerra   _____ la neblina

_____ la llanura   _____ el olivar

_____ huir   _____ el siglo

Actividad 3   Pareo

_____ _____ _____ _____

Actividad 4   Escucha y escoge.

1. a   b   c
2. a   b   c
3. a   b   c
4. a   b   c
5. a   b   c
6. a   b   c

Capítulo 1

Lección 1: Cultura

Actividad 5   Escucha y escoge.

1. **a.** el norte   **b.** el centro   **c.** el sur
2. **a.** el norte   **b.** el centro   **c.** el sur
3. **a.** el norte   **b.** el centro   **c.** el sur
4. **a.** el norte   **b.** el centro   **c.** el sur
5. **a.** el norte   **b.** el centro   **c.** el sur
6. **a.** el norte   **b.** el centro   **c.** el sur

Actividad 6   Completa.

1. En el año 711 los _____ invadieron España.

2. Los moros vinieron del norte de _____.

3. La gran ciudad de los moros en España fue _____.

4. Córdoba tenía una _____ más avanzada que la de las otras ciudades europeas.

Actividad 7   Escucha y escoge.

1. La población de Córdoba en el siglo X era de _____.

2. La _____ de Córdoba tenía más de 2.500 libros.

3. Platón y Sócrates eran antiguos _____.

4. En la España mora los judíos, los musulmanes y los _____ vivían en armonía.

5. Una palabra de origen árabe es _____.

Actividad 8   Escucha la narrativa.

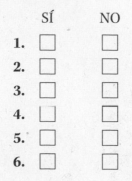

	SÍ	NO
1.	☐	☐
2.	☐	☐
3.	☐	☐
4.	☐	☐
5.	☐	☐
6.	☐	☐

Audio Activities

Capítulo 1

Lección 1: Cultura

Actividad 9 Escucha y contesta. Usa las claves.

1. África

2. Isabel

3. 1492

4. Covadonga

5. Palos de Moguer

6. La reina

Actividad 10 Contesta con sí.

Actividad 11 Escucha y escoge.

1. a   b   c

2. a   b   c

3. a   b   c

4. a   b   c

5. a   b   c

6. a   b   c

Actividad 12 Escucha.

	SÍ	NO
1.	☐	☐
2.	☐	☐
3.	☐	☐
4.	☐	☐
5.	☐	☐

Capítulo 1

Lección 2: Conversación

Actividad 1   Escucha y repite.

Actividad 2   Pareo

_____ el vuelo anulado   _____ el taxímetro

_____ la demora   _____ el embotellamiento

_____ la autopista   _____ el parador

_____ el monto

Actividad 3   Pareo

_____ el autocar

_____ la huelga

_____ el puente aéreo

_____ el peaje

Actividad 4   Escucha.

1. a   b

2. a   b

3. a   b

4. a   b

5. a   b

Actividad 5   Escucha y escoge.

1. a   b   c

2. a   b   c

3. a   b   c

4. a   b   c

5. a   b   c

Capítulo 1
Lección 2: Conversación

Actividad 6 Escucha y escoge.

1. a   b   c
2. a   b   c
3. a   b   c
4. a   b   c
5. a   b   c

Actividad 7 Escucha y escoge.

1. a   b   c
2. a   b   c
3. a   b   c
4. a   b   c
5. a   b   c
6. a   b   c
7. a   b   c
8. a   b   c

Actividad 8 Contesta con sí.

Capítulo 1

Lección 3: Periodismo

Actividad 1 Escucha y repite.

Actividad 2 Pareo

_____ el mapa

_____ los usuarios

_____ el conductor

_____ el metro

Actividad 3 Escucha y escoge.

1. a   b   c   3. a   b   c   5. a   b   c

2. a   b   c   4. a   b   c

Actividad 4 Escucha y repite.

Actividad 5 Pareo

_____ la patrulla   _____ rescatar   _____ la roca   _____ solicitar

_____ naufragar   _____ la patera   _____ huir

Actividad 6 Escucha.

1. a   b   c   3. a   b   c   5. a   b   c

2. a   b   c   4. a   b   c   6. a   b   c

Actividad 7 ¿Sí o no? Escucha y escoge.

SÍ   NO

1. ☐   ☐

2. ☐   ☐

3. ☐   ☐

4. ☐   ☐

Capítulo 1

Lección 3: Periodismo

Actividad 8 **Escucha y contesta con una palabra.**

1.

2.

3.

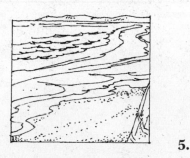

4.

5.

Actividad 9 **Escucha y contesta. Usa la clave.**

1. mapa de España
2. planetas
3. poema
4. sistema de metro
5. programa cómico
6. telegrama

Actividad 10 **Escucha y contesta.**

Actividad 11 **Escucha y contesta.**

Actividad 12 **Contesta.**

Actividad 13 **Contesta.**

Capítulo 1

Lección 3: Periodismo

Actividad 14   Lee, escucha y contesta.

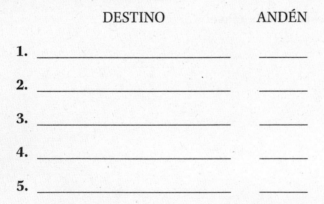

CENTRAL DE RESERVAS
Departamento: INFORMACIÓN Y CARTAS
Fecha: 08-OCT-2001

PARADORES

Central de Reservas
Requena, 3 - 28013 MADRID
Tlf: +34 91.516.66.66
Fax: +34 91.516.66.57/8
www.parador.es
e-mail: info@parador.es

Estimado Cliente:
En contestación a su solicitud, procedemos a notificarle la situación de su(s) reserva(s).
Atentamente.

NOMBRE RESERVA :   CLIENTE: MANUEL CAMPOS

Estado Reserva	Parador	Cantidad	Habitación/Servicio	Uso	Adultos	Niños	Llegada	Noches	Régimen	Tarifa	Importe (Pts.)	Importe (Euros)	Imp.
OK_CAMBIO	GRANADA	1 DBL STANDARD		DOBLE	2	0	17-FEB-2002	2	AD	ITO	74.320	446,67	7%
Ref 01-199-039-3108-7894					Total GRANADA						74.320	446,67	

El parador de Granada nunca tiene promociones.#Reserva garantizada con tarjeta

CONDICIONES GENERALES
IMPUESTOS NO INCLUIDOS
NO SE ADMITEN CHEQUES PERSONALES
PAGO DIRECTO EN EL PARADOR
FECHA LIMITE DE CANCELACION SIN GASTOS 2 DIAS ANTES DE LA FECHA RESERVADA

Actividad 15   Escucha y escribe.

	DESTINO	ANDÉN
1.	_____	_____
2.	_____	_____
3.	_____	_____
4.	_____	_____
5.	_____	_____

Nombre _____ Fecha _____

Capítulo 2

Lección 1: Cultura

Actividad 1 Escucha y repite.

Actividad 2 Pareo

_____ agrio   _____ bello

_____ criollo   _____ materia prima

_____ subyugar   _____ apoyar

_____ escaso

Actividad 3 Pareo

_____   _____   _____

Actividad 4 ¿Sí o no? Escucha y escoge.

	SÍ	NO
1.	☐	☐
2.	☐	☐
3.	☐	☐
4.	☐	☐
5.	☐	☐
6.	☐	☐

Actividad 5 Escucha.

1. a   b   c
2. a   b   c
3. a   b   c
4. a   b   c
5. a   b   c

Capítulo 2

Lección 1: Cultura

Actividad 6   Escucha.

SÍ   NO

1. ☐   ☐
2. ☐   ☐
3. ☐   ☐
4. ☐   ☐
5. ☐   ☐

Actividad 7   Escucha.

1. a   b   c
2. a   b   c
3. a   b   c
4. a   b   c
5. a   b   c

Actividad 8   ¿Sí o no? Escucha y escoge.

SÍ   NO

1. ☐   ☐
2. ☐   ☐
3. ☐   ☐
4. ☐   ☐
5. ☐   ☐
6. ☐   ☐

Capítulo 2
Lección 1: Cultura

Actividad 9   Pareo

_____ Lima   _____ Pizarro

_____ el encomendero   _____ Cajamarca

_____ Atahualpa

Actividad 10   **Completa.**

1. La señorita dice que quieren visitar lugares en Perú y _____.

2. Lo más intacto de lo que construyeron los incas es _____
   _____.

3. La ciudad de Chan Chan fue construido por los _____.

4. Chan Chan fue más grande y más poblado que cualquier ciudad de
   _____.

5. El mercado que se recomienda visitar es el mercado de
   _____.

6. Los otavaleños son famosos por sus preciosos _____.

7. La influencia española se ve en las _____ de Quito, Sucre
   y Lima.

8. Y en Arequipa deben visitar el _____ de Santa Catalina.

Actividad 11   **Escucha y contesta.**

1. levantarse   3. desayunarse

2. bañarse y vestirse   4. ir a la escuela

Actividad 12   **Escucha y responde.**

1. todos los días   4. siempre

2. con frecuencia   5. a menudo

3. todos los sábados

Actividad 13   **Escucha y responde.**

Capítulo 2

Lección 2: Conversación

Actividad 1 Escucha y repite.

Actividad 2 Escucha la conversación.

_____ carterista   _____ víctima del crimen

_____ robo   _____ empujó

_____ cartera   _____ comisaría

_____ bolsillo

Actividad 3 Escucha la conversación.

1. a   b   c   **5.** a   b   c

2. a   b   c   **6.** a   b   c

3. a   b   c   **7.** a   b   c

4. a   b   c

Actividad 4 Escucha y escoge.

PRETÉRITO   IMPERFECTO

1. ☐   ☐
2. ☐   ☐
3. ☐   ☐
4. ☐   ☐
5. ☐   ☐
6. ☐   ☐
7. ☐   ☐
8. ☐   ☐

Actividad 5 Inventa oraciones.

1. Rosa / comer   Luis / llegar
2. Yo / estudiar   tú / llamar
3. Nosotros / leer   teléfono / sonar
4. Ellos / jugar   empezar a llover
5. Ustedes / bailar   nosotros / entrar
6. Tú / bañarse   mamá / salir

Capítulo 2
Lección 3: Periodismo

Actividad 1   Escucha y repite.

Actividad 2   Pareo

_____   _____

Actividad 3   Pareo

_____ desvanecer

_____ la tregua

_____ alcanzar

_____ reubicar

_____ ubicar

Actividad 4   Escucha.

_____ la ceniza   _____ el hongo

_____ el camino   _____ la erupción

_____ tranquila   _____ el ganado

_____ el gobierno

Actividad 5   Escucha y repite.

Capítulo 2
Lección 3: Periodismo

Actividad 6   Pareo

_____ donar

_____ los consejos

_____ la sonrisa

_____ la viuda

_____ renegar

_____ acogedor

Actividad 7   Escucha y completa.

1. El reportero y la señora están en la _____ de la señora.

2. La señora se llama doña _____.

3. Ella acaba de cumplir los _____ años.

4. Según la señora, para vivir muchos años hay que comer
   _____.

5. También hay que estar dispuesto a _____ mucho.

6. La señora tiene _____ hijos, seis nietos y
   _____ bisnieto.

7. La persona que le habló de doña Silveria al periódico fue Sindulfo Javier, su
   _____.

8. Doña Silveria tuvo que ser batalladora porque se quedó
   _____ muy joven.

9. Cecilia es la _____ de doña Cecilia.

10. Ella dice que su abuela es como un _____ de la guardia
    que los cuida y los protege.

11. Doña Silveria donó unos terrenos a su pueblo natal para la construcción de una
    _____.

12. Ella nunca pudo realizar _____ superiores.

Capítulo 2

Lección 3: Periodismo

Actividad 8 Escucha y contesta.

1. estudiar mucho
2. no salir con otra persona
3. sacar buenas notas
4. jugar con ellos
5. ser feliz

Actividad 9 Escucha y contesta.

1. es probable
2. es posible
3. es posible
4. es difícil
5. es probable
6. es importante
7. es mejor

Actividad 10 Escucha y contesta.

1. el reportero quiere
2. los hijos esperan
3. Sindulfo insiste en
4. el reportero desea
5. ella prefiere

Actividad 11 Lee y responde.

1. hacer el viaje en avión
2. no perder mi vuelo
3. pasar unos días en la capital
4. comprar unos regalos en una tienda de artesanía
5. hacer una excursión a Chan Chan
6. divertirme en la playa de Huanchaco
7. ir al sur
8. sobrevolar las líneas de Nazca

Capítulo 2
Lección 3: Periodismo

Actividad 12 **Lee y responde.**

    1. llegar a La Paz temprano

    2. acostumbrarte a la altura

    3. tener una reservación en el hotel

    4. descansar al llegar al hotel

    5. dormir un poco

    6. ir al lago Titicaca

    7. visitar los pueblos de los aymaras

Actividad 13 **Escucha la conversación.**

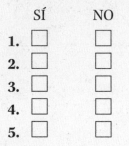

	SÍ	NO
1.	☐	☐
2.	☐	☐
3.	☐	☐
4.	☐	☐
5.	☐	☐

Actividad 14 **Escucha y responde. Sigue el modelo.**

Actividad 15 **Escucha y responde.**

Capítulo 3
Lección 1: Cultura

Actividad 1 Escucha y repite.

Actividad 2 Pareo

_____

_____

_____

_____

Capítulo 3
Lección 1: Cultura

Actividad 3   Pareo

_____ la ballena

_____ el odio

_____ el glaciar

_____ el pingüino

_____ las bombachas

Actividad 4   ¿Sí o no? Escucha y escoge.

	SÍ	NO
1.	☐	☐
2.	☐	☐
3.	☐	☐
4.	☐	☐
5.	☐	☐
6.	☐	☐

Actividad 5   Escucha la narrativa sobre Chile.

1. a   b   c

2. a   b   c

3. a   b   c

4. a   b   c

5. a   b   c

6. a   b   c

AUDIO ACTIVITIES

Capítulo 3
Lección 1: Cultura

Actividad 6 **Escucha la conversación sobre Argentina.**

1. **a.** Buenos Aires   **b.** Rosario   **c.** cerca del Aconcagua
2. **a.** una hacienda   **b.** un restaurante   **c.** un carro nuevo
3. **a.** en la Pampa   **b.** en la costa   **c.** en el noroeste
4. **a.** muchos caballos   **b.** muchas ovejas   **c.** mucho ganado
5. **a.** mariscos   **b.** bife   **c.** sandías

Actividad 7 **¿Uruguay o Paraguay? Escucha y escoge.**

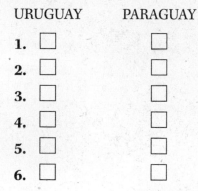

URUGUAY   PARAGUAY

1. ☐   ☐
2. ☐   ☐
3. ☐   ☐
4. ☐   ☐
5. ☐   ☐
6. ☐   ☐

Actividad 8 **Escucha y escribe.**

1. El mayor grupo indígena de Paraguay era el _____.

2. Los guaraníes aceptaron a los _____ pacíficamente.

3. Los religiosos españoles defendían a los guaraníes contra los gauchos del _____.

4. Los paraguayos hoy llevan _____ española y guaraní.

5. El español y el guaraní son las _____ oficiales del país.

Capítulo 3

Lección 1: Cultura

Actividad 9   Escucha y escoge.

1. a. Argentina   b. Chile   c. Paraguay
2. a. Argentina   b. Chile   c. Paraguay
3. a. Argentina   b. Chile   c. Paraguay
4. a. Argentina   b. Chile   c. Paraguay

Actividad 10   Escucha y escoge.

1. a   b
2. a   b
3. a   b
4. a   b
5. a   b

Actividad 11   Escucha y contesta.

Actividad 12   Escucha y contesta.

Actividad 13   Escucha y responde.

Actividad 14   Escucha y contesta.

1. aburrida   5. cansados
2. aburridos   6. triste
3. enfermo   7. sí / listos
4. enferma   8. sí / lista

Actividad 15   Escucha y contesta.

1. sábado / el estadio
2. 8:00 / el centro
3. domingo / el parque
4. en dos semanas / la capital

Capítulo 3
Lección 2: Conversación

Actividad 1 Escucha y repite.

Actividad 2 Pareo

_____   _____   _____

_____   _____   _____

Actividad 3 ¿El material es de animal o no? Escucha y escoge.

	DE ANIMAL	NO DE ANIMAL
1.	☐	☐
2.	☐	☐
3.	☐	☐
4.	☐	☐
5.	☐	☐
6.	☐	☐
7.	☐	☐

Actividad 4 Escucha la conversación en una tienda de calzado.

	SÍ	NO
1.	☐	☐
2.	☐	☐
3.	☐	☐
4.	☐	☐
5.	☐	☐

Capítulo 3

Lección 2: Conversación

Actividad 5   Escucha la conversación en la tienda de ropa.

   1. a   b   c

   2. a   b   c

   3. a   b   c

   4. a   b   c

   5. a   b   c

Actividad 6   Escucha y contesta.

   1. a Luis

   2. a los niños

   3. al diplomático

   4. a mí

   5. a los chilenos

   6. al gaucho

Actividad 7   Escucha y contesta. Usa las claves.

   1. un cinturón

   2. ropa de invierno

   3. botas de ante

   4. un abrigo de cuero

   5. uniformes para la escuela

Actividad 8   Escucha y contesta.

Actividad 9   Escucha y responde.

Actividad 10   Escucha y responde.

Capítulo 3
Lección 3: Periodismo

Actividad 1   Escucha y repite.

Actividad 2   Pareo

_____ cursi

_____ pecar

_____ traje

_____ llamativo

Actividad 3   Escucha.

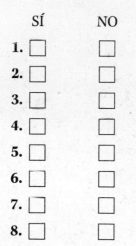

	SÍ	NO
1.	☐	☐
2.	☐	☐
3.	☐	☐
4.	☐	☐
5.	☐	☐
6.	☐	☐
7.	☐	☐
8.	☐	☐

Actividad 4   Escucha y repite.

Capítulo 3

Lección 3: Periodismo

Actividad 5   Escucha.

1. a   b   c
2. a   b   c
3. a   b   c
4. a   b   c
5. a   b   c

Actividad 6   Escucha y escoge.

Actividad 7   Escucha y responde. Sigue el modelo.

1. Sylvia les aconseja
2. Ella les aconseja
3. También aconseja
4. Recomienda
5. Ella sugiere

Actividad 8   Escucha y responde.

1. sorprender
2. alegrarse de
3. es lástima
4. gustar

Capítulo 3
Lección 3: Periodismo

Actividad 9   Escucha y escoge.

	INDICATIVO	SUBJUNTIVO
1.	☐	☐
2.	☐	☐
3.	☐	☐
4.	☐	☐
5.	☐	☐
6.	☐	☐
7.	☐	☐

Actividad 10   Escucha y contesta.

1. dudar

2. es cierto

3. no creer

4. estar seguro

5. no estar seguro

6. creer

Capítulo 3

Lección 1: Cultura

Actividad 11 **Escucha y contesta.**

skorpios	Serie A	**Nº 0030240**		CAMAROTE Nº	CUBIERTA
NOMBRE DE LA NAVE	SKORPIOS III	[Pasaje 30240]		402	OLYMPO
FECHA DE ZARPE	3 OCTUBRE			HORA ZARPE	11.00
NOMBRE DEL PASAJERO	WOODFORD, SALLY AYERS				
LUGAR DE PRESENTACION	ANGELMO 1660 / PUERTO MONTT			HORA:	10.00
C. IDENTIDAD O PASAPORTE	090870800		DE	ESTADOS UNIDOS	
NACIONALIDAD	ESTADOS UNIDOS		PROFESION	DUEÑA DE CASA	
DIRECCION	150 CHURCH ROAD		LUGAR	TITUSVILLE	
VALOR PASAJE USD	2,984.-		EQUIV. $	415.-	M/N
TARIFA ADICIONAL	70.-		**3**	FECHA Y LUGAR DE EXPEDICION	
TERMINO SERVICIOS	DIA 8 OCTUBRE	HORA 8:00		TURISMO SKORPIOS LTDA.	

PLANES Y MONTOS QUE CUBREN SU SEGURO INCLUIDO EN EL VALOR DEL PASAJE

Plan A Suma a pagar en caso de muerte por accidente 700 U.F.
Plan B Suma a pagar en caso de inhabilitación permanente 700 U.F.
Plan D Suma para reembolso gastos de asistencia médica, farmacéutica, hospitalaria, hasta 70 U.F.

El pasaje se encuentra exento de impuesto, de conformidad Art. 13 Nº 3 del D.L. 825

SANTIAGO

Timbre y Firma

Capítulo 4
Lección 1: Cultura

Actividad 1 **Escucha y repite.**

Actividad 2 **Pareo**

_____ el terremoto

_____ soler

_____ picante

_____ trasladar

Actividad 3 **Pareo**

_____   _____   _____

_____

Capítulo 4
Lección 1: Cultura

Actividad 4 Escucha una breve narrativa sobre Centroamérica.

    1. a   b   c

    2. a   b   c

    3. a   b   c

    4. a   b   c

    5. a   b   c

    6. a   b   c

Actividad 5 Escucha una breve narrativa sobre los mayas.

_____ jeroglífico

_____ el calendario

_____ México

_____ arquitectura

_____ esculturas

_____ novecientos d.C.

Actividad 6 Escucha.

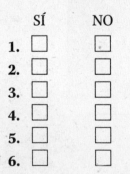

	SÍ	NO
1.	☐	☐
2.	☐	☐
3.	☐	☐
4.	☐	☐
5.	☐	☐
6.	☐	☐

Capítulo 4

Lección 1: Cultura

Actividad 7 Escucha.

1. **a.** Nicaragua   **b.** Honduras   **c.** El Salvador   **d.** Panamá
2. **a.** Nicaragua   **b.** Honduras   **c.** El Salvador   **d.** Panamá
3. **a.** Nicaragua   **b.** Honduras   **c.** El Salvador   **d.** Panamá
4. **a.** Nicaragua   **b.** Honduras   **c.** El Salvador   **d.** Panamá

Actividad 8   ¿Tikal o Copán?

1. **a.** Tikal   **b.** Copán
2. **a.** Tikal   **b.** Copán
3. **a.** Tikal   **b.** Copán
4. **a.** Tikal   **b.** Copán
5. **a.** Tikal   **b.** Copán
6. **a.** Tikal   **b.** Copán
7. **a.** Tikal   **b.** Copán
8. **a.** Tikal   **b.** Copán

Capítulo 4

Lección 1: Cultura

Actividad 9   Escucha y contesta.
1. sí / domingo
2. no / video
3. no / jueves
4. no / hotel
5. no / poco

Actividad 10   Escucha y contesta.
1. no / pronto
2. no / mañana
3. no / pronto
4. no / el lunes

Actividad 11   Escucha y responde.

Actividad 12   Escucha y contesta.

Actividad 13   Escucha y contesta.

Actividad 14   Escucha y contesta.
1. Arnaldo
2. nosotros
3. ellos
4. tú
5. las chicas

Capítulo 4
Lección 2: Conversación

Actividad 1   Escucha y repite.

Actividad 2   Pareo.

_____   _____   _____

Actividad 3   Pareo

_____ la factura

_____ la pantalla

_____ la hipoteca

_____ el saldo

_____ cobrar

Actividad 4   ¿Sí o no? Escucha y escoge.

	SÍ	NO
1.	☐	☐
2.	☐	☐
3.	☐	☐
4.	☐	☐
5.	☐	☐

Capítulo 4

Lección 2: Conversación

Actividad 5   Escucha.

	SÍ	NO
1.	☐	☐
2.	☐	☐
3.	☐	☐
4.	☐	☐
5.	☐	☐
6.	☐	☐

Actividad 6   Escucha y escoge.

1. a   b   c

2. a   b   c

3. a   b   c

4. a   b   c

5. a   b   c

6. a   b   c

7. a   b   c

Actividad 7   Escucha y escoge.

1. a   b   c

2. a   b   c

3. a   b   c

4. a   b   c

5. a   b   c

6. a   b   c

Actividad 8   Escucha y contesta.

Actividad 9   Escucha y contesta.

Actividad 10   Escucha y pregunta.

Capítulo 4
Lección 3: Periodismo

Actividad 1   Escucha y repite.

Actividad 2   Pareo

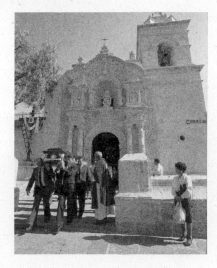

_____   _____

Actividad 3   Pareo

_____ fallecer

_____ la esquela

_____ culminar

_____ felicitar

_____ el velorio

Capítulo 4
Lección 3: Periodismo

Actividad 4   Escucha.

    1. a   b   c

    2. a   b   c

    3. a   b   c

Actividad 5   Escucha.

    _____ las madres de los novios

    _____ el novio

    _____ la iglesia

    _____ lugar de la recepción

    _____ la novia

Actividad 6   Escucha esta noticia.

    1. a   b   c

    2. a   b   c

    3. a   b   c

    4. a   b   c

Actividad 7   Escucha esta noticia social.

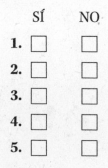

	SÍ	NO
1.	☐	☐
2.	☐	☐
3.	☐	☐
4.	☐	☐
5.	☐	☐

Capítulo 4
Lección 3: Periodismo

Actividad 8 Escucha y repite.

Actividad 9 Escucha.

   1. a   b   c

   2. a   b   c

   3. a   b   c

   4. a   b   c

Actividad 10 Escucha y responde.

   1. mirarlo

   2. devolverlo

   3. pagarlo

   4. decirlo

   5. ponerlo

   6. saberlo

   7. servirlo

   8. tenerlo

Actividad 11 Los padres de la novia Escucha y responde.

   1. estar contenta

   2. vivir cerca

   3. tener muchos hijos

   4. no trabajar

   5. ver el mundo

   6. gozar de la vida

   7. escribirles con frecuencia

Capítulo 4
Lección 3: Periodismo

Actividad 12   Escucha y contesta.

1. tan pronto como / Pepe / llegar
2. en cuanto / terminar / trabajo
3. cuando / acabarse / material
4. antes de que / llover

Capítulo 5
Lección 1: Cultura

Actividad 1 Escucha y repite.

Actividad 2 Pareo

_____   _____   _____   _____

Actividad 3 Pareo

_____ la deforestación

_____ Mesoamérica

_____ los restos

_____ el aliado

_____ la caza

_____ el maíz

Capítulo 5
Lección 1: Cultura

Actividad 4 Escucha la conversación.

1. a   b   c
2. a   b   c
3. a   b   c
4. a   b   c
5. a   b   c
6. a   b   c
7. a   b   c
8. a   b   c
9. a   b   c

Actividad 5 Escucha la mini-conferencia.

	SÍ	NO
1.	☐	☐
2.	☐	☐
3.	☐	☐
4.	☐	☐
5.	☐	☐
6.	☐	☐
7.	☐	☐
8.	☐	☐
9.	☐	☐

Capítulo 5
Lección 1: Cultura

Actividad 6 **Escucha y completa.**

1. Los españoles llegaron a México en el año _____.

2. Los españoles habían salido de _____.

3. Llegaron a la península de _____.

Actividad 7 **Escucha y completa.**

1. Cortés llevaba dieciséis _____, animales que nunca habían visto los indígenas.

2. También tenía catorce piezas de _____, los indígenas tampoco habían visto cañones.

3. Entre los grupos indígenas, Cortés encontró muchos

   _____ para luchar contra los aztecas.

4. Le tomó a Cortés poco más de un _____ en conquistar a los aztecas.

Actividad 8 **Escucha.**

1. a   b   c
2. a   b   c
3. a   b   c
4. a   b   c
5. a   b   c
6. a   b   c
7. a   b   c
8. a   b   c

Capítulo 5
Lección 1: Cultura

Actividad 9   Escucha y contesta.

  1. el norte
  2. Cortés
  3. cañones
  4. otros indígenas
  5. los aztecas
  6. un año
  7. los españoles

Actividad 10   Escucha y contesta.

Actividad 11   Escucha y contesta.

  1. nada
  2. el profesor
  3. ayer
  4. los estudiantes
  5. unos tacos
  6. en el monumento

Actividad 12   Escucha y contesta.

Actividad 13   Escucha y contesta.

Capítulo 5
Lección 2: Conversación

Actividad 1 Escucha y repite.

Actividad 2 Pareo

_____ _____ _____

Actividad 3 Pareo

_____ retroceder

_____ el cargo

_____ las intermitentes

_____ el riesgo

_____ el contrato

Actividad 4 Escucha.

1. a   b   c

2. a   b   c

3. a   b   c

4. a   b   c

5. a   b   c

Capítulo 5
Lección 2: Conversación

Actividad 5 ¿Sí o no? Escucha y contesta.

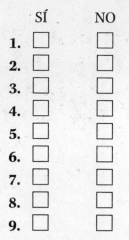

SÍ   NO

1. ☐ ☐
2. ☐ ☐
3. ☐ ☐
4. ☐ ☐
5. ☐ ☐
6. ☐ ☐
7. ☐ ☐
8. ☐ ☐
9. ☐ ☐

Actividad 6   Escucha y contesta.

1. yo
2. todos nosotros
3. a Yucatán

4. el policía
5. Laura
6. los niños

Actividad 7   Escucha y contesta.

1. conducir
2. hablar
3. controlar el tráfico

4. los niños
5. leer el mapa
6. Elena

Actividad 8   Lee y responde.

1. yo / viajar
2. tú / estudiar
3. nosotros / conducir

4. ellos / dormir
5. usted / esperar
6. el cocinero / preparar tacos

Actividad 9   Escucha y contesta.

Actividad 10   Escucha y contesta.

Actividad 11   Escucha y contesta.

Capítulo 5
Lección 3: Periodismo

Actividad 1 Escucha y repite.

Actividad 2 Pareo

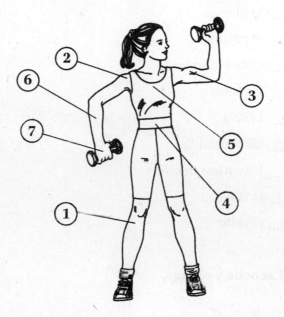

_____
_____
_____
_____
_____
_____
_____

Capítulo 5
Lección 3: Periodismo

Actividad 3 **Pareo**

_____ el chaleco

_____ la tabla

_____ la ola

_____ el calzón

_____ el calentamiento

_____ los tenis

_____ la vela

_____ las sentadillas

_____ los estiramientos

_____ la suela

_____ el salto

Actividad 4 **Escucha y escoge.**

1. a   b   c

2. a   b   c

3. a   b   c

4. a   b   c

5. a   b   c

Actividad 5 **Escucha y escoge.**

1. a   b   c

2. a   b   c

3. a   b   c

4. a   b   c

5. a   b   c

6. a   b   c

Capítulo 5
Lección 3: Periodismo

Actividad 6   Escucha y repite.

Actividad 7   Pareo

_____ la confianza

_____ abundar

_____ sobrellevar

_____ el acuerdo

_____ bastar

Actividad 8   Pareo

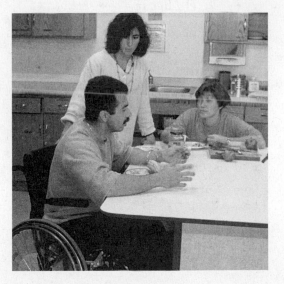

_____

_____

Capítulo 5
Lección 3: Periodismo

Actividad 9   **Escucha y escoge.**

	CONTROLA-TODO	INDIFERENTE	CENSURA TOTAL	PERFECTO A MORIR	SOLTERO(A)
1.	☐	☐	☐	☐	☐
2.	☐	☐	☐	☐	☐
3.	☐	☐	☐	☐	☐
4.	☐	☐	☐	☐	☐
5.	☐	☐	☐	☐	☐
6.	☐	☐	☐	☐	☐

Actividad 10   **Escucha y contesta.**

1. tú / salir
2. él / llegar
3. ellos / comer
4. ustedes / acostarse
5. ella / irse
6. usted / volver

Actividad 11   **Escucha y contesta.**

1. ayudar
2. salir
3. llamar
4. escaparse
5. responder

Actividad 12   **Escucha y contesta.**

1. recibir una beca
2. terminar sus estudios
3. hacer un viaje a Chile
4. casarse
5. ingresar en el ejército
6. mudarse a otra ciudad

Actividad 13   **Escucha y contesta.**

1. no
2. sí
3. sí
4. no

Capítulo 6
Lección 1: Cultura

Actividad 1   Escucha y repite.

Actividad 2   Pareo

_____   _____

Actividad 3   Pareo

_____ desafecto

_____ emprender

_____ el ciudadano

_____ reposar

_____ hispanizarse

Actividad 4   Pareo

_____   _____   _____   _____

Capítulo 6
Lección 1: Cultura

Actividad 5   Escucha.

1. a   b   c
2. a   b   c
3. a   b   c
4. a   b   c

Actividad 6   Escucha.

	SÍ	NO
1.	☐	☐
2.	☐	☐
3.	☐	☐
4.	☐	☐
5.	☐	☐
6.	☐	☐
7.	☐	☐

Actividad 7   Escucha.

1. a   b   c
2. a   b   c
3. a   b   c
4. a   b   c

Capítulo 6
Lección ı: Cultura

Actividad 8   Escucha.

_____ Asociado

_____ España

_____ taínos

_____ la isla

_____ ciudadanos

_____ Borinquén

Actlvidad 9   Escucha.

	SÍ	NO
1.	☐	☐
2.	☐	☐
3.	☐	☐
4.	☐	☐
5.	☐	☐
6.	☐	☐

Actividad 10   Escucha y responde.

1. Pepe / acostarse / 10:00

2. Luisa / levantarse / 7:00

3. yo / despertarse / 6:00

4. nosotros / desayunarse / 7:30

5. ellos / vestirse / 8:00

6. nosotros / acostarse / 10:30

7. tú / dormirse / en seguida

Actividad 11   Escucha y contesta.

Capítulo 6

Lección 1: Cultura

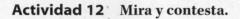

Actividad 12   Mira y contesta.

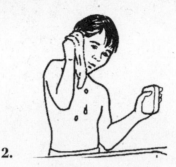

1.

2.

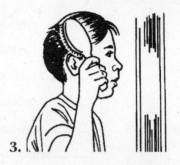

3.

4.

5.

6.

Actividad 13   Escucha y contesta.

1. en una fiesta
2. en un café
3. sí
4. *(pregunta personal)*

Capítulo 6
Lección 2: Conversación

Actividad 1 Escucha y repite.

Actividad 2 Pareo

_____ los dueños

_____ lento

_____ descortés

_____ listo

_____ ricos

Actividad 3 Pareo

_____   _____   _____

Actividad 4 Escucha.

1. a b c   **3.** a b c   **5.** a b c

2. a b c   **4.** a b c   **6.** a b c

Actividad 5 ¿Sí o no? Escucha y escoge.

	SÍ	NO
1.	☐	☐
2.	☐	☐
3.	☐	☐
4.	☐	☐
5.	☐	☐

Capítulo 6
Lección 2: Conversación

Actividad 6   **Tu familia**   **Escucha y contesta.**

Actividad 7   **El Caribe**   **Forma oraciones.**

1. Cuba / isla / grande / Antillas
2. La Española / colonia / antigua / Américas
3. lechón / comida / típica / región
4. caña / producto / importante / país
5. taínos / indígenas / numerosos / Caribe

Actividad 8   **La clase de español**   **Escucha y contesta.**

Actividad 9   **Escucha y responde.**

1. Martina / inteligente / Luis
2. ella / estudiar / él
3. ella / ambiciosa / él
4. ella / tener / talento / él
5. ella / recibir / notas buenas / él

Actividad 10   **Escucha y responde.**

1. Puerto Rico / montañoso / Cuba
2. En Cuba / hacer / calor / Santo Domingo
3. En Puerto Rico / jugar / béisbol / Cuba
4. Cuba / tener / playas / Puerto Rico
5. En Puerto Rico / cultivar / frutas / Cuba

Actividad 11   **Escucha y contesta.**

Capítulo 6
Lección 3: Periodismo

Actividad 1   Escucha y repite.

Actividad 2   Pareo

_____ encabezar

_____ zurda

_____ remozado

_____ clavados

_____ ubicarse

Actividad 3   Escucha.

1. a   b   c
2. a   b   c
3. a   b   c
4. a   b   c
5. a   b   c
6. a   b   c
7. a   b   c

Actividad 4   Escucha y repite.

Capítulo 6

Lección 3: Periodismo

Actividad 5 **Pareo**

_____ la marginalidad

_____ imprescindible

_____ el analfabeto

_____ el recluso

_____ proclive

_____ el sacapuntas

Actividad 6 **Escucha y contesta.**

Actividad 7 **Escucha.**

Actividad 8 **Escucha y escoge.**

1. a   b   c
2. a   b   c
3. a   b   c
4. a   b   c
5. a   b   c
6. a   b   c
7. a   b   c

Capítulo 6
Lección 3: Periodismo

Actividad 9   ¿Sí o no? Escucha y escoge.

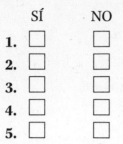

	SÍ	NO
1.	☐	☐
2.	☐	☐
3.	☐	☐
4.	☐	☐
5.	☐	☐

Actividad 10   Escucha y contesta.

Actividad 11   Escucha y contesta.
    1. ojalá
    2. quizás
    3. tal vez
    4. quizás
    5. ojalá

Actividad 12   **Las atletas**   Escucha y contesta.

Actividad 13   Escucha y contesta.

    1. dudo
    2. es posible
    3. ojalá
    4. espero

Capítulo 6

Lección 3: Periodismo

Actividad 14 Me sorprendió. Escucha y responde.

Actividad 15 Preguntas personales   Escucha y contesta.

Actividad 16 Más preguntas personales   Escucha y contesta.

Capítulo 7
Lección 1: Cultura

Actividad 1 Escucha y repite.

Actividad 2 Pareo

_____   _____   _____

Actividad 3 Pareo

_____ la sequía

_____ oprimir

_____ surgir

_____ asemejarse a

_____ imperante

_____ sellar

_____ la empresa

_____ la desembocadura

Actividad 4 Escucha.

1. a   b   c
2. a   b   c
3. a   b   c
4. a   b   c
5. a   b   c
6. a   b   c
7. a   b   c
8. a   b   c

Capítulo 7
Lección 1: Cultura

Actividad 5   Escucha.

1. a   b   c
2. a   b   c
3. a   b   c
4. a   b   c
5. a   b   c
6. a   b   c
7. a   b   c
8. a   b   c
9. a   b   c

Actividad 6   Escucha.

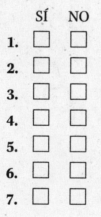

	SÍ	NO
1.	☐	☐
2.	☐	☐
3.	☐	☐
4.	☐	☐
5.	☐	☐
6.	☐	☐
7.	☐	☐

Actividad 7   Escucha y contesta.

1. Tomás
2. Diego
3. Marta
4. Domingo
5. Carlos

Capítulo 7

Lección 1: Cultura

Actividad 8 **Escucha y contesta.**

1. bueno / Es un _____ gobernador.

2. tercero / Fue el _____ intento de establecer la capital.

3. malo / El soldado tiene muy _____ aspecto.

4. grande / Miranda fue un _____ patriota.

5. ciento / Bolívar tenía más de _____ hombres.

6. alguno / Él sabía que _____ día ganaría.

Actividad 9 **Escucha y contesta.**

1. Sra. Maldonado

2. Sres. Figueroa

3. Sr. Hinojosa

4. Srta. Obregón

5. Dr. Sánchez

6. Profesora Ariza

Actividad 10 **Escucha y contesta.**

1. Sra. Maldonado

2. Sres. Figueroa

3. Sr. Hinojosa

4. Srta. Obregón

5. Dr. Sánchez

6. Profesora Ariza

Capítulo 7
Lección 1: Cultura

Actividad 11 **Escucha y contesta.**

LECCIONES Y DEBERES

	ASIGNATURAS	Exponer o Redactar	TEMAS
LUNES	Matemáticas		Ejercicios en la página 235.
MARTES	Historia		Leer el capítulo 9 y contestar las preguntas.
MIÉRCOLES	Inglés		Estudiar para el examen el jueves.
JUEVES	Química		Ir al laboratorio.
VIERNES	Lenguaje		Escribir una composición sobre mis metas personales.
SÁBADO	Geografía		Dibujar un mapa.
DOMINGO			

Capítulo 7
Lección 1: Cultura

Actividad 12   Escucha y contesta.

1.

2.

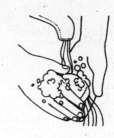

3.

4.

5.

6.

Actividad 13   Escucha y contesta.

1. ingeniera
2. astronauta
3. dentistas
4. profesor
5. electricista
6. estudiantes

Actividad 14   Escucha y contesta.

1. ingeniera excelente
2. astronauta famosa
3. dentistas ricos
4. profesor dedicado
5. electricista formidable
6. estudiantes muy buenos

Capítulo 7
Lección 2: Conversación

Actividad 1   Escucha y repite.

Actividad 2   Pareo

Actividad 3   Pareo

_____ echar a perder

_____ el compromiso

_____ regalar

_____ el placer

Actividad 4   Escucha.

Actividad 5   Escucha y contesta.

Actividad 6   Escucha y contesta.

Actividad 7   Escucha y contesta.

Capítulo 7

Lección 3: Periodismo

Actividad 1   Escucha y repite.

Actividad 2   Pareo

_____ despistado

_____ agradecer

_____ detenidamente

_____ lograr

_____ desinflarse

Actividad 3   Pareo

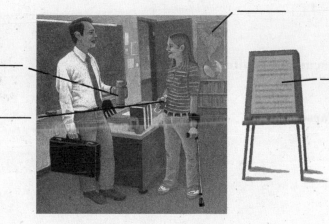

Capítulo 7
Lección 3: Periodismo

Actividad 4   Escucha y escoge.

	SÚPER ENERGIZADO	TRADICIONAL Y SERIO	HIPERACTIVO ACADÉMICO
1.	☐	☐	☐
2.	☐	☐	☐
3.	☐	☐	☐
4.	☐	☐	☐
5.	☐	☐	☐
6.	☐	☐	☐
7.	☐	☐	☐
8.	☐	☐	☐
9.	☐	☐	☐
10.	☐	☐	☐

Actividad 5   Escucha y repite.

Actividad 6   Pareo

Capítulo 7

Lección 3: Periodismo

Actividad 7   Pareo

_____ el combustible

_____ el riesgo

_____ la escasez

_____ la secuela

Actividad 8   Escucha.

1. a   b   c
2. a   b   c
3. a   b   c
4. a   b   c
5. a   b   c

Actividad 9   Escucha y contesta con sí.

Actividad 10   Escucha y contesta con sí.

Actividad 11   Escucha y contesta con por o para.

Capítulo 7
Lección 3: Periodismo

Actividad 12 ¿Por o para? Escucha y escoge.

1. a   b
2. a   b
3. a   b
4. a   b
5. a   b
6. a   b
7. a   b
8. a   b

Actividad 13 Escucha y contesta.

Actividad 14 Escucha y contesta.

1. una semana
2. sólo dos días
3. un mes
4. tres años
5. un año

Capítulo 8
Lección 1: Cultura

Actividad 1 Escucha y repite.

Actividad 2 Pareo

_____ a escondidas

_____ la mano de obra

_____ radicarse

_____ el vínculo

_____ superar

Actividad 3 Pareo

_____ to pertain, to belong to

_____ the rite or ritual

_____ to expel

_____ to found, to establish

_____ devastated

_____ promising

_____ to concede

_____ sovereignty

_____ to cease, to end

_____ to constitute

Capítulo 8
Lección 1: Cultura

Actividad 4 Escucha.

1. a b c
2. a b c
3. a b c
4. a b c
5. a b c

Actividad 5 Escucha.

_____ hebreo

_____ 1492

_____ 1654

_____ Nueva Amsterdam

_____ Holanda

_____ Nuevo México

_____ España

Actividad 6 Escucha.

	SÍ	NO
1.	☐	☐
2.	☐	☐
3.	☐	☐
4.	☐	☐
5.	☐	☐
6.	☐	☐
7.	☐	☐

Capítulo 8
Lección 1: Cultura

Actividad 7 Escucha.

1. a b c
2. a b c
3. a b c
4. a b c

Actividad 8 Escucha y contesta.

1. decente
2. estupendo
3. humilde
4. generoso
5. reciente
6. general
7. puntual
8. respetuoso
9. elegante
10. discreto

Actividad 9 Escucha y contesta.

1. rápido / nervioso
2. lento / claro
3. cuidadoso / sano
4. peligroso / loco
5. respetuoso / discreto

Capítulo 8
Lección 2: Conversación

Actividad 1   Escucha y repite.

Actividad 2   Pareo

_____   _____

_____   _____

Actividad 3   Escucha.

1. a   b   c

2. a   b   c

3. a   b   c

4. a   b   c

5. a   b   c

Capítulo 8
Lección 2: Conversación

Actividad 4   ¿Sí o no? Escucha y escoge.

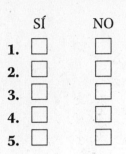

	SÍ	NO
1.	☐	☐
2.	☐	☐
3.	☐	☐
4.	☐	☐
5.	☐	☐

Actividad 5   Escucha y contesta.

1. una emisora
2. sí
3. sí
4. sí
5. sí, una explosión
6. huir

Actividad 6   Escucha y contesta

Capítulo 8
Lección 3: Periodismo

Actividad 1   Escucha y repite.

Actividad 2   Pareo

_____ incluir

_____ la tienda

_____ el número

_____ contribuir

_____ el comercio

_____ el dinero

_____ proveer

Actividad 3   Pareo

_____ minority

_____ assignment

_____ entity

_____ access

_____ veracity

_____ affirm

_____ gigantic

Actividad 4   Escucha.

1. a   b   c
2. a   b   c
3. a   b   c

Capítulo 8
Lección 3: Periodismo

Actividad 5 Escucha.

     1. a   b   c

     2. a   b   c

     3. a   b   c

Actividad 6 Escucha y repite.

Actividad 7 Pareo

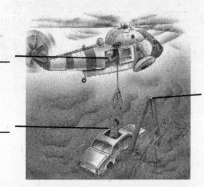

Capítulo 8
Lección 3: Periodismo

Actividad 8 **Pareo**

_____ súbito

_____ permanecer

_____ el desvío

_____ reanudar

_____ aflojar

Actividad 9 **Escucha.**

1. a   b   c

2. a   b   c

3. a   b   c

4. a   b   c

5. a   b   c

6. a   b   c

7. a   b   c

Actividad 10 **La voz pasiva. Escucha y responde. Sigue el modelo.**

Actividad 11 **La voz pasiva. Escucha y responde.**

Actividad 12 **La voz pasiva. Escucha y responde.**

Actividad 13 **Escucha y responde.**

Literatura española
Capítulo 1

Actividad 1   Escucha y repite.

Actividad 2   Pareo

_____ el navío

_____ cotidiano

_____ la hazaña

_____ el torpe

_____ el rumbo

_____ el mudo

Actividad 3   Escucha.

Actividad 4   Escucha.

Actividad 5   Escucha y escoge.

1. a   b   c
2. a   b   c
3. a   b   c
4. a   b   c
5. a   b   c

Literatura española
Capítulo 1

Actividad 6   Escucha y repite.

Actividad 7   Pareo

_____ la valla

_____ el pozo

_____ la canica

_____ el codo

_____ los juguetes

Actividad 8   Escucha.

Actividad 9 Escucha y escoge.

1. a   b   c
2. a   b   c
3. a   b   c
4. a   b   c
5. a   b   c

Literatura de los países andinos
Capítulo 2

Actividad 1   Escucha y repite.

Actividad 2   Pareo

_____ ignorar

_____ labrar

_____ la frente

_____ el leño

_____ el ave

_____ el amo

_____ sudor

Actividad 3   Escucha.

Actividad 4   Escucha y escoge.

1. a   b   c
2. a   b   c
3. a   b   c
4. a   b   c

Literatura de los países andinos
Capítulo 2

Actividad 5   Escucha y repite.

Actividad 6   ¿De qué se habla? Escucha y escoge.

    1. a   b   c

    2. a   b   c

    3. a   b   c

    4. a   b   c

    5. a   b   c

    6. a   b   c

Actividad 7   Escucha.

Actividad 8   Escucha y escoge.

    1. a   b   c

    2. a   b   c

    3. a   b   c

    4. a   b   c

    5. a   b   c

    6. a   b   c

Literatura de los países del Cono sur
Capítulo 3

Actividad 1   Escucha y repite.

Actividad 2   Pareo

_____ la víbora

_____ la pulpería

_____ la raíz

_____ la pena

_____ la quinta

_____ el pez

_____ el nido

_____ pelear

_____ atrevido

Actividad 3   Escucha.

1. a   b   c

2. a   b   c

Actividad 4   Escucha.

Actividad 5   ¿Sí o no? Escucha y escoge.

	SÍ	NO
1.	☐	☐
2.	☐	☐
3.	☐	☐
4.	☐	☐
5.	☐	☐

Actividad 6   Escucha.

Literatura de los países del Cono sur
Capítulo 3

Actividad 7   Escucha y escoge.

      1. a   b   c

      2. a   b   c

      3. a   b   c

Actividad 8   Escucha y repite.

Actividad 9   Pareo

      _____ la jaula

      _____ la trampa

      _____ la pata

      _____ la herramienta

      _____ el alambre

      _____ el taller

      _____ soltar

      _____ el cachorro

Actividad 10   Escucha.

Actividad 11   Escucha y escoge.

      1. a   b   c

      2. a   b   c

      3. a   b   c

      4. a   b   c

      5. a   b   c

Literatura centroamericana
Capítulo 4

Actividad 1   Escucha y repite.

Actividad 2   Pareo

_____ llorar

_____ dichoso

_____ la sombra

_____ el ramo

_____ el rumbo

Actividad 3   Escucha.

	SÍ	NO
1.	☐	☐
2.	☐	☐
3.	☐	☐
4.	☐	☐

Actividad 4   Escucha.

Actividad 5   Escucha y escoge.

1. a   b   c

2. a   b   c

3. a   b   c

Actividad 6   Escucha.

Literatura centroamericana
Capítulo 4

Actividad 7   **Escucha y completa.**

   1. En el poema el otoño simboliza _____.

   2. En el poema la primavera simboliza _____.

   3. El divino tesoro al que se refiere el poeta es _____.

Actividad 8   **Escucha y escoge.**

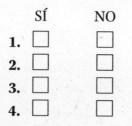

       SÍ   NO
  1. ☐   ☐
  2. ☐   ☐
  3. ☐   ☐
  4. ☐   ☐

Actividad 9   **Escucha.**

Actividad 10   **Escucha y completa.**

   1. Los indígenas tienen más contacto con y respetan más la

       _____.

   2. Según los indígenas, sin el _____ el hombre no puede vivir.

   3. La madre del hombre es la _____ porque le da de comer.

   4. Los indígenas no comen cosas compuestas con _____.

   5. Antes de cultivar la milpa los indígenas hacen una _____.

   6. Según sus antepasados, los indígenas están hechos de

       _____.

   7. Ellos rezan y piden a la tierra que les dé una buena _____.

   8. También ellos rezan a sus _____.

Literatura mexicana
Capítulo 5

Actividad 1   Escucha y repite.

Actividad 2   Pareo

_____ áureo

_____ cosechar

_____ el cura

_____ el ocaso

_____ las lozanías

_____ la miel

_____ la faz

_____ la abeja

_____ la agonía

Actividad 3   Escucha y completa.

1. Los dos poetas son de la misma época, son _____.

2. Amado Nervo era escritor y también _____.

3. Gutiérrez Nájera murió muy _____.

Actividad 4   Escucha.

Actividad 5   Escucha y escoge.

1. a   b   c

2. a   b   c

3. a   b   c

Literatura mexicana
Capítulo 5

Actividad 6   Escucha.

Actividad 7   Escucha y escoge.

　　　　1. a　　b　　c
　　　　2. a　　b　　c
　　　　3. a　　b　　c
　　　　4. a　　b　　c

Actividad 8   Escucha y repite.

Actividad 9   Escucha.

Actividad 10   ¿Sí o no? Escucha y escoge.

　　　　　　SÍ　　　NO
　　　1. ☐　　　☐
　　　2. ☐　　　☐
　　　3. ☐　　　☐
　　　4. ☐　　　☐
　　　5. ☐　　　☐
　　　4. ☐　　　☐
　　　5. ☐　　　☐

Literatura del Caribe
Capítulo 6

Actividad 1   Escucha y repite.

Actividad 2   Pareo

_____ el engaño

_____ la hazaña

_____ la valentía

_____ la palma

_____ arrojar

_____ correr

Actividad 3   Escucha y completa.

1. Nicolás Guillén se inspiró en el folklore _____.

2. En su poesía Guillén defiende al _____ de las Antillas.

3. Una característica de su poesía es el _____ y la musicalidad.

Actividad 4   Escucha.

Actividad 5   Escucha y escoge.

1. a   b   c

2. a   b   c

3. a   b   c

Literatura del Caribe
Capítulo 6

Actividad 6   Escucha.

Actividad 7   ¿Sí o no? Escucha y escoge.

	SÍ	NO
1.	☐	☐
2.	☐	☐
3.	☐	☐
4.	☐	☐
5.	☐	☐

Actividad 8   Escucha y repite.

Actividad 9   Escucha.

Actividad 10   Escucha y escoge.

1. a   b   c
2. a   b   c
3. a   b   c
4. a   b   c
5. a   b   c
6. a   b   c

Literatura de Venezuela y Colombia
Capítulo 7

Actividad 1   Escucha y repite.

Actividad 2   Escucha y parea la palabra con su definición o sinónimo.

_____ yerto

_____ mudo

_____ trémulo

_____ la sierra

_____ el aserrín

_____ el desengaño

Actividad 3   Escucha.

Actividad 4   Escucha y completa.

1. La poesía, Los maderos de San Juan, se basa en una canción tradicional para
   _____ .

2. Los dos personajes del poema son el niño y su _____ .

3. Lo que entristece a la señora es pensar en lo que le espera al nieto en el
   _____ .

4. Años después, cuando la abuela esté muerta, el nieto todavía oirá su
   _____ .

Actividad 5   Escucha y repite.

Literatura de Venezuela y Colombia
Capítulo 7

Actividad 6 Pareo

_____ el sillón

_____ la gaveta

_____ el trapo

_____ la fresa

_____ pulir

_____ enjuagar

_____ girar

Actividad 7 Escucha y completa.

1. García Márquez es de nacionalidad _____.

2. De todos los escritores hispanos, García Márquez es probablemente el más

   _____.

3. La realidad y la fantasía mágica se mezclan en lo que se llama el _____

   _____.

4. En 1982 García Márquez recibió el Premio _____ de
   Literatura.

Actividad 8 Escucha.

Actividad 9 Escucha y escoge.

1. a	b	c		**7.** a	b	c
2. a	b	c		**8.** a	b	c
3. a	b	c		**9.** a	b	c
4. a	b	c		**10.** a	b	c
5. a	b	c		**11.** a	b	c
6. a	b	c				

Literatura hispana en Estados Unidos
Capítulo 8

Actividad 1 Escucha y repite.

Actividad 2 Pareo

_____ el cirio

_____ el águila

_____ el camarote

_____ el rostro

_____ la misa

_____ la grúa

_____ la cumbre

_____ velar

_____ arrancar

Actividad 3 Escucha.

	SÍ	NO
1.	☐	☐
2.	☐	☐
3.	☐	☐
4.	☐	☐
5.	☐	☐
6.	☐	☐

Actividad 4 Escucha.

Literatura hispana en Estados Unidos
Capítulo 8

Actividad 5   Escucha y escoge.

1. a   b   c
2. a   b   c
3. a   b   c
4. a   b   c
5. a   b   c
6. a   b   c

Actividad 6   Escucha y repite.

Actividad 7   Pareo

_____ dibujar

_____ cocer

_____ largarse

_____ el pulmón

_____ disgustado

Literatura hispana en Estados Unidos
Capítulo 8

Actividad 8   **Escucha y completa.**

1. La familia de Sandra Cisneros tiene sus raíces en _____.

2. Esmeralda Santiago nació en _____.

3. En las familias de las dos autoras había muchos _____.

4. Las dos autoras han vivido, cada una, en dos _____.

5. Ellas describen cómo es tratar de tener éxito en _____.

Actividad 9   **Escucha.**

Actividad 10   **¿Sí o no? Escucha y escoge.**

	SÍ	NO
1.	☐	☐
2.	☐	☐
3.	☐	☐
4.	☐	☐
5.	☐	☐
6.	☐	☐
7.	☐	☐
8.	☐	☐
9.	☐	☐
10.	☐	☐

Literatura hispana en Estados Unidos
Capítulo 8

Actividad 11   Escucha y repite.

Actividad 12   Pareo

_____ cálido

_____ el becado

_____ el recorte

_____ el retrato

_____ alzar

Actividad 13   Escucha.

Actividad 14   Escucha y escoge.

1. a   b   c
2. a   b   c
3. a   b   c
4. a   b   c
5. a   b   c